本当にいい会社をはかるモノサシは、
規模や業績、知名度ではありません

会社の「偏差値」

強くて愛される会社になるための100の指標

坂本光司
経営学者

あさ出版

はじめに

偏差値は、入試の難易度を示す指標としてよく使われます。良し悪しはともかく、高校や大学に進学する場合など、偏差値で志望校を選択するのが一般的です。

では高校や大学を卒業する学生たちは、どういうモノサシで就職する企業を選択しているのでしょうか。あるいは、現在働いている企業を辞め、他社に転職する場合、どのようなモノサシで転職先を選択しているのでしょうか。

「やりたい仕事かどうか」「給与のレベルはどうか」などといったことは、基礎的な前提です。ただ新卒でも中途でも、大半の人は、収益力や研究開発力、マーケティング力、ブランド力、市場ランキングやその企業の知名度、企業規模、株価などを見、それらが優れた企業を「いい企業」と判断して志望先を選択しているはずです。

しかし、そうした経営力が強い企業が「いい企業」だと決めつけるのは早計です。どんなに経営力が優れていても、関係する人々の幸せの追求・実現という、経営の使命と目的をおろそかにしている企業が、「いい企業」であるはずはないからです。

業績が悪化すると希望退職者を募る企業。社員同士の競争を煽る企業。自社の利益のために下請いじめをする企業。情報の少ない顧客に平気でウソをつく企業。劣悪な就業環境の中で社員に高い生産性を求める企業。働きたい障がい者や高齢者の雇用に無関心な企業。社長の報酬と比べて社員の給与があまりにも低い企業。日常的に社員に長時間残業を強いる企業等々。こういう企業が、業種や規模を問わずたくさんあります。

これらの企業は、どんなに業績がよくても、どんなに著名な企業でも、「いい企業」とはいえません。こんな経営をしていたら、社員や家族をはじめとする、その企業に関係する人々が、幸せを感じることなどありえないからです。

ところが多くの人が、この視点をもたずに「いい企業」かどうかを判断しています。これは就職希望者だけではなく、多くの経営者や金融機関、弁護士・公認会計士・税理士・社会保険労務士・各種の経営コンサルタント、行政機関や産業支援機関なども同じです。

私は過去50年間、さまざまな公的機関から依頼され、企業を顕彰する審査会の委員などを務めてきました。他の委員たちはその分野で著名な人ばかりですが、企業評価のモノサシの点で、あまりの価値観の違いに驚いてしまったことがたびたびあります。

社会貢献企業を顕彰する審査委員会の委員を務めていた時のことですが、私は、審査委員の大半が「顕彰に値する」と評価する企業の表彰に、頑なに反対したことが何度となくあります。それらの企業が、評価すべき面はあるものの、一方で黒字なのにリストラしていたり、障がい者の法定雇用率が未達成だったり、転職的離職率が10%を超えていたりしていたからです。どう見ても、どう考えても、表彰に値する、社会に範を示す「いい企業」とは思えなかったからです。

高校や大学を卒業して最初に就職した企業を3年以内に辞めてしまう人の割合は、高卒者は40~50%、大卒者は30%前後です。しかも、そのおよそ半数は、何と入社後1年以内に辞めてしまっています。それればかりか、ある調査によれば、日本の企業で働いている社員の約30%は、現在の企業を辞めたいと思っているのです。その理由は、「仕事や企業が自分に合わなかった」と「企業内の人間関係」で、この2つを合わせて75%となっています。短期間での離職や離職願望をもつ人々の増加は、企業にとっても、本人や家族にとっても、さらには社会にとっても、決していいこととは思えません。

数年で辞めることを前提に就職する企業を選択している人は、そうはいないはずです。それなのに、新卒であれ中途であれ、せっかく就職した企業を辞めてしまう人がこれほど多いのは、本人もさることながら、企業側にも社会にも問題があるからだと思います。世の中全体の、「いい企業とは何か」のモノサシ・定義が間違っているのです。

この文章を書いている時、40歳代の男性から1通のメールをいただきました。次のような内容でした。

「私はある中小企業から著名な企業に転職し、数カ月がたちました。勤めていた中小企業は、新型コロナウイルスの感染拡大の影響をもろに受けて業績が悪化。しかし仕事が今ひとつできない社員も含めて誰ひとりリストラなどせず、社長は自分の給料をほぼカットし、貯えを取り崩して生き残りの努力をしていました。

今は、立派な社長だと思います。しかし当時の自分は、『そんな甘い経営をしていたら、企業はつぶれる』と考え、いち早く脱走（転職）してしまったのです。そして転職した先は、人もうらやむような大企業ではあるものの、社員同士の競争が激しく、ストレスで胃をやられてしまいました。自分だけよければいいと考えて仲間を捨ててしまった、その結果です。もっと早く先生の本を読んでおけば……。深く後悔しています」

この人も、どんな企業がよい企業で、どんな企業がよくない企業なのか、その判断を間違えたのです。

こうしたケースはたくさんあります。だからこそ私は、経営者は自社を「真にいい企業」にしてほしい、企業で働く人々は「真にいい企業」に勤めて幸せな人生を送ってほしいという強い思いに駆られ、本書を執筆させていただきました。

本書では、「いい企業」とは、「5人（者）をトコトン大切にしている企業であり、5人（5者）が幸せを実感できる企業であり、お天道様に顔向けのできる経営をしている企業である」（序章参照）という定義に基づいて100の指標を示し、それぞれの意味と内容を述べた上で、100点満点で点数化しています。

私はこの約50年間に、国内外8000社を超える企業の現地研究をしてきました。

その過程で実際に各社を採点してみると、社員のモチベーションが高く、安定的に好業績を持続している、真にいい企業だと思える企業の点数は例外なく高く、逆に社員のモチベーションが低く、業績が慢性的に低迷していたり、好不況のたびに大きくぶれる企業の点数は例外なく低いという、まるで法則のような特徴があることがわかっています。

「日本でいちばん大切にしたい会社大賞」（人を大切にする経営学会主催）という、おそらく日本で最も厳しい表彰制度がありますが、その受賞企業クラスの点数は80点前後以上、これまでの最高点は90点前後です。この点数が50点前後以下で受賞した企業は1社もありません。

ちなみに本書のタイトルは「会社の偏差値」としましたが、偏差値計算でいうところの偏差値ではありません。１００の指標で採点した点数を、学生にも社会人にも馴染みのある偏差値という言葉で表現しているにすぎないことをお断りしておきます。

本書が経営者はもとより、すべての企業関係者や、これから就職する学生、さらには金融機関・産業支援機関や行政等にとって、少しでも参考になれば幸いです。

最後になりますが、本書執筆のチャンスを与えてくださった、あさ出版の佐藤和夫会長や、さまざまな角度から内容に関してアドバイスをくださった担当の亀谷敏郎氏、さらには、指標の策定メンバーである「千葉商科大学大学院中小企業人本経営（ＥＭＢＡ）プログラム」の担当教員である藤井正隆客員教授、石川勝特命教授、水沼啓幸客員准教授、坂本洋介客員准教授、そしてプログラムに属する社会人学生に、厚く御礼申し上げます。

２０２１年5月

経営学者。人を大切にする経営学会会長
千葉商科大学大学院中小企業人本経営（ＥＭＢＡ）プログラム長・客員教授
坂本光司

はじめに――3

序章 大切なモノサシは会社の業績ではなく社員の幸せ

めざすは「企業に関わる人すべてを幸せにする」経営――20
正しい評価は正しいモノサシから――21
魂に刺さったメール――23
真にいい企業を見分ける100の指標――26

第1章 社員とその家族に関する指標

なぜ社員とその家族に関する指標が大事なのか――30
社員の幸せとは自分と家族の幸せ――31
指標1 過去5年以上、希望退職を募ったことはない――32
指標2 社員1人当たり、年平均の月間所定外労働時間は10時間以下であり、サービス残業もない――34
指標3 過去5年間平均の正社員の転職的離職率は2%以下である――36
指標4 正社員比率、または無期雇用社員が90%以上である――38

指標5 再雇用を含めた実質定年が70歳以上であり、70歳以上の社員も在籍している―40
指標6 社員に売上や生産のノルマを課したり、業績面での個人競争をさせていない―42
指標7 社員やその家族のメモリアルデイには、会社からバースデイケーキなどの物品をプレゼントしたり、メッセージカードを渡すなどしている―44
指標8 社員が就労継続困難になったり、死亡した場合、長期にわたってその家族を支援する制度がある―46
指標9 社員1人当たり教育訓練費は年間10万円以上、または年間売上高の1％以上であるか、教育訓練時間が年間所定内労働時間の5％以上である―48
指標10 快適な社員食堂やトイレ、社員が心身を休ませる場所、リフレッシュ施設などがある―50
指標11 女性の育児休業取得率も休業後の復帰率もほぼ100％であり、男性の取得者も10％程度以上いる―52
指標12 年次有給休暇の平均取得率は70％以上であり、時間単位の制度もある―54
指標13 過去5年間、死亡や重傷などの労働災害は1回も起こしていない―56
指標14 財務内容など主要な経営情報は、全社員に毎月公開し、理解を深めている―58
指標15 定期的に社員意識調査を実施している。あるいは、社長や部門長との個人面談を年2回以上実施している―60
指標16 新規学卒者の採用を定期的に行っているほか、常に価値ある人財を求めて行動している―62
指標17 社員や家族の生活実態に合わせた在宅勤務制やフレックスタイム制など、多様な働き方がある―64
指標18 社員の給料や賞与は業界の、または地域の平均以上である―66
指標19 経営者と血縁関係のない社員出身の役員がおり、社員持株制度もある―68
指標20 人事・給与体系は成果主義ではなく、どちらかといえば年功序列をベースとしている―70
採点表 社員とその家族に関する指標―72

第2章 社外社員とその家族に関する指標

なぜ社外社員とその家族に関する指標が大事なのか―74
社外社員は頼れるパートナー―75
指標1 過去5年以上、一方的なコストダウンはしたことがない―76
指標2 発注単価は一方的な指値ではなく、双方が十分に話し合って決められ、妥当である―78
指標3 問題なく長く取引している受注企業に知らせず、他社から見積もりを取るようなことはしていない―80
指標4 支払いはすべて現金決済である―82
指標5 締め後の支払いは20日以内である―84
指標6 過去10年以上、主たる取引先に倒産企業は1社もなく、廃業した企業も実質ゼロである―86
指標7 発注企業の利益率と受注企業の利益率が2倍以上違わない―88
指標8 発注者の仕事量不足を補うために、協力企業などに依頼していた仕事を内作化するようなことはしない―90
指標9 内外作基準があり、経営理念の中に仕入先や協力企業がパートナー企業であることが明確に示されている―92
指標10 特別な場合を除き、仕入先や協力企業が残業をせざるを得ないような無理な発注はしない―94

指標11 発注者側のミスや、間違った指示で発生した問題を、協力企業に転嫁したことはない―96
指標12 協力企業の貢献度が100％の改善成果は、原則として100％協力企業のものである―98
指標13 仕入先や協力企業に、日常的に、1日に何回も納品させるようなことはしない―100
指標14 季節商品といえども、年間を通して安定発注に努めている―102
指標15 仕入先や協力企業に、取引比率を過度に高めるような発注はあえてしない―104
指標16 発注企業が仕入先や協力企業と一体となって経営革新の努力をした結果、予想以上の利益が出そうな場合には、仕入先や協力企業にも還元している―106
指標17 経営トップまたは部門の責任者が、年1回以上、仕入先や協力企業を訪問し、日ごろの労をねぎらっている―108
指標18 第三者に依頼し、無記名での「仕入先・協力企業満足度調査」を定期的に実施している―110
指標19 仕入先や協力企業に瑕疵がないのに、納入された物品やサービスの値引きを要求するようなことはしない―112
指標20 仕入先や協力企業が育つような発注を意識的にしている―114
採点表 社外社員とその家族に関する指標―116

第3章 現在顧客と未来顧客に関する指標

なぜ現在顧客と未来顧客に関する指標が大事なのか──118
顧客を感動させられるのは現場の社員だけ──119
指標1 リピート率は70％以上である──120
指標2 新規顧客の80％以上は口コミ客・紹介客である。または、営業担当社員は全社員の5％程度以下である──122
指標3 組織図は、顧客や社員が最上位の逆ピラミッド図である──124
指標4 過去3年間平均の納期順守率は99％以上である──126
指標5 トイレの使用や休憩を求める未来顧客にも親切ていねいな対応をしている──128
指標6 顧客からの苦情や要望意見を日常的に吸い上げる仕組みがあり、機能している──130
指標7 顧客を感動、驚嘆・驚愕させる独自の仕掛け・サービスが3つ以上ある──132
指標8 顧客や来客の情報は、全社員が共有している──134
指標9 過去3年間の商品に対する年間平均クレーム率は1％以下であり、1時間以内に社長または部門の責任者に伝わり対処している──136
指標10 毎年または隔年、書面による「顧客満足度調査」を実施している──138

指標11 必要とされる人員の1・2倍以上の配員や、現場への権限委譲を行うなどして、顧客満足度を高めている——140
指標12 顧客の足元を見るような値決めはせず、常に顧客に適正価格を提示している——142
指標13 1年にひとつ以上、新しい価値を市場に創造提案している——144
指標14 顧客データベースがあり、それが機能している——146
指標15 商圏が同業他社と比べて格段に広い。または、値引きを要請する顧客がほとんどいない——148
指標16 会社や担当者ではなく、常に顧客の都合を最優先している——150
指標17 必要以上に高い商品は、たとえ顧客が求めたとしてもつくらない、売らない——152
指標18 英語版などの外国語のホームページがある。または1週間に1回以上は、ホームページを部分的にでも更新している——154
指標19 売上高対宣伝広告費比率は同業他社と比べて極端に低く、特売日などもほとんどない——156
指標20 顧客からのサンキューレターが、同業他社と比べてかなり多い——158
採点表 現在顧客と未来顧客に関する指標——160

第4章 地域住民や障がい者など社会的弱者に関する指標

なぜ地域住民や障がい者など社会的弱者に関する指標が大事なのか―162
本気で取り組まなければ本物になれない―163

指標1 障がい者を法定雇用率以上に雇用している―164
指標2 過去3年間に新たに障がい者を雇用した―166
指標3 特別な理由がない限り、障がい者も正社員（無期雇用社員）として雇用している―168
指標4 重度障がい者または精神障がい者を正社員として雇用している―170
指標5 最低賃金の除外申請をしている障がいのある社員はひとりもいない―172
指標6 本人や家族の希望により、障がい者手帳の有無にかかわらず、健常者として雇用している―174
指標7 障がい者施設や多数雇用企業に発注したり、物品やサービスを安定的に購入している―176
指標8 特別支援学校（学級）等からのインターンシップを積極的に受け入れている―178
指標9 地域住民のひとりとして、地域の美化や街づくり活動に取り組んでいる―180
指標10 創業した地域社会や、お世話になった人々を大切にした経営を行っている―182
指標11 福祉施設などに対する支援活動を定期的に実施している―184
指標12 地域団体や地域住民の求めに応じて企業の施設を開放している―186

指標13 仕入れや外注は地域内企業を優先している―188
指標14 地域貢献・社会貢献のための担当部署や委員会があり、毎年予算化している―190
指標15 地域内外の災害に対しては、現地に出向いて支援活動をしたり、企業の施設を開放している―192
指標16 地域住民や教育機関、産業団体からの求めに応じ、企業見学を積極的に受け入れている―194
指標17 自社の生産・販売活動に伴う地球環境への配慮を年々高めている―196
指標18 地域住民から子供や孫を就職させたい企業と言われることが時々ある―198
指標19 ボランティア休暇制度があり、毎年誰かが取得している―200
指標20 社会貢献活動を、企業経営の重要な役割と戦略的に位置づけている―202
採点表 **地域住民や障がい者など社会的弱者に関する指標**―204

第5章 盤石な経営に関する指標

なぜ盤石な経営に関する指標が大事なのか――206
正しい競争をしよう――207
指標1 非価格競争商品が70％以上ある――208
指標2 最大の取引先や商品の売上高比率は20％以下である――210
指標3 売上高対研究開発費比率は1％以上である。または正社員の10％以上が研究・開発に日常的に従事している――212
指標4 自己資本比率は50％以上である――214
指標5 借入金月商倍率は1・5倍以下である――216
指標6 内部留保金は年間総人件費の3倍以上ある――218
指標7 流動比率は200％以上である――220
指標8 全社員が参画し策定された中長期の経営ビジョンがあり、発表会も開催されている――222
指標9 景気や流行は追わず、急成長・急拡大経営もあえてせず、年輪経営をベースとしている――224
指標10 売上や生産目標は、腹八分経営をベースとしている――226
指標11 「一方的なコストダウン要求をしてくる」「支払いを手形で行う」など、理不尽な取引を強いる企業とは原則取引をしない――228

指標12 社員持ち株会があり、希望する社員は保有できる——230
指標13 経営者は自身の定年を心得、後継者を育てる努力を計画的にしている——232
指標14 法律・税務・労務・健康・経営についての専門家と契約している。あるいは問題の解決策を助言する個人がいる——234
指標15 全正社員に占める本社社員比率は5%前後以下である——236
指標16 自社独自の情報システムが構築され、機能している——238
指標17 社員1人当たり年休日総数は125日以上である——240
指標18 外国人社員がいる。または輸出入も行っている——242
指標19 女性の管理職比率は30%以上である——244
指標20 5人の幸せが匂う経営理念があり、全社員の言動のモノサシになっている——246
採点表 盤石な経営に関する指標——248
総合採点表——249
あとがき——250

＊本書は『日本でいちばん大切にしたい会社がわかる100の指標』（朝日新書／2015年発行）を全面的に改訂し、新たな視点で書き上げたものです。

序章

大切なモノサシは会社の業績ではなく社員の幸せ

「会社の偏差値」が示す１つひとつの指標は、
その企業がどれだけ人を幸せにしているかを
はかるモノサシです。

めざすは「企業に関わる人すべてを幸せにする」経営

２００８年4月、私は『日本でいちばん大切にしたい会社』というタイトルの書物を執筆しました。この本は反響が大きく、その後シリーズ化され、「2」「3」「4」「5」「6」と続き、２０２０年には「7」が発行されました。

7冊合わせると、延べ70万人以上の人々が読んでくださり、ビジネス書としては異例のベストセラーとして、多くのマスコミでも取り上げていただきました。

シリーズでは一貫して「企業経営の真の目的・使命」や「正しい経営」を論じるとともに、経営の最大の目的・使命である、社員とその家族をはじめとする5人（者）の幸せを基軸に、ブレない経営を行っている全国各地の「いい企業」を、毎回5社から8社取り上げ、その経営の神髄を明らかにしてきました。

執筆の主な目的は、「いい企業」の実像やそこで行われている経営を示すことで、それまでの企業評価のモノサシや経営学を抜本的に変えることでした。

「企業経営の真の目的・使命は、業績を高めることでも、勝ち負けを競うことでもなく、企業に関わるすべての人々を幸せにすることである。だからこそ、経営者や幹部社員は、企業に関わるすべての人々が、幸せを実感できるような経営をしなければならない。業績や勝ち負けは、企業経営の目的・使命ではなく、目的・使命を実現するための手段、あるいは結果にすぎない」

このことを繰り返し述べ、「企業に関わるすべての人々の中で、経営者や幹部社員が、とりわけ重視し、その幸せを追求・実現しなければならない人は5人（5者）である」と、明確に示しました。

5人（5者）とは、第1は社員とその家族、第2は社外社員（仕入先や協力企業）とその家族、第3は現在顧客と未来顧客、第4は地域住民とりわけ障がい者など社会的弱者、そして第5が株主および関係機関のことです。

この5人（5者）の中で、経営者や幹部社員が最も重視すべき人は、「第1の、社員とその家族」と書きました。

正しい評価は正しいモノサシから

「五方良し経営」が正しいし、いい企業の条件です、と提言したのです。

それまでの経営学では、企業の最大の目的・使命は「株主価値の最大化」、つまり、高い業績を実現することこそ企業経営のあるべき姿と、疑うことなく考えられ、実践されてきました。「いい企業」の定義も、それに倣って、「株主価値」や「顧客価値の高い企業」と長らく言われ、信じられてきました。

これも、当然といえば当然のことです。高校や大学でも、大学院やビジネススクールでも、手段や結果である業績や勝ち負けが、まるで目的であるかのような経営学を教えられているからです。学校を卒業して社会に出ても、企業の目的は一に業績、二に業績です。書籍や雑誌・新聞などのマスメディアの大半も右に倣えで、業績の優れた企業を「いい企業」と評価します。

だから、経営者ばかりか、幹部社員から一般社員、これから社会に出る学生までもが、「いい企業」の定義・モノサシを間違えてしまいます。

私はこうした経営学を、『日本でいちばん大切にしたい会社』という書籍を通じて否定したのです。

もちろん、こうした主張をしたのは根も葉もないことではありません。

私は当時すでに、全国各地の6000社（現在では8000社以上）を超える企業の現場研究をしていました。その中で好・不況、円高・円安など、どんな環境の変化が発生してもブレず、安定的に好業績を維持する企業では、例外なく人、とりわけ社員とその家族や、社外社員である仕入先・協力企業を大切にする経営が実践されていることを、この目で見てきたからです。

逆に不況になると、決まって罪のない社員をリストラしたり、労働強化に走る企業、さらには下請いじめをするような企業の業績は、長い目で見れば例外なく低く、状況の変化によって大きくブレるということも知ったからです。

魂に刺さったメール

拙著に対する読者からの反応は、尋常ではありませんでした。当時は毎日数十通のメールや手紙が私のもとに送られてきました。1通ずつ読み、必要な方には返事を出し続ける毎日でした。

多くの経営者から、「本を読んで、自分がやってきた経営の進め方は、間違っていることに気づきました。なぜ社員がすぐに辞めてしまうのか、なぜ愛社心が低いのかが、よくわかりました。他社に勝とうと、ひたすら業績本位で経営を続けてきた結果だと知りました」という内容のメールをたくさんいただきました。

元経営者という人からのメールも少なからずありました。

「私は元経営者です。1年ほど前に会社を倒産させてしまいました。思い起こすと、先生の本に書かれている経営とは真逆のことをやっていました。会社は、潰れるべくして潰れたのだと思います。もっと早くに気がつくべきでした。今は当時の社員たちに申し訳ない気持ちでいっぱいです」

一部の経営者からのメールには、「以前から社員第一主義経営を実践してきましたが、経営者仲間から、『あなたの考え方はおかしいと思う。大切なのは社員ではなく株主であり、顧客ではないのか』と言われ続けてきました。そう言われて迷うこともありましたが、本を読んで、自分の経営は間違っていなかったと、確信をもつことができました。これからもこの道を走り続けます」とありました。

社員の方からも多くの感想やメールをいただきました。

ある大手企業の外注課に勤めている主任職の方からのメールです。

「上司から、協力企業に対して大幅なコストダウンを求めるよう指示されました。自分が担当している協力企業の方々は、数は少なく納期も短く、それでいて手間暇のかかる仕事を嫌な顔ひとつせずやってくれています。不況で当社の利益率は下がりそうですが、それでも10％程度が見込まれています。一方、協力企業の利益率は平均で数％、中には収支トントンどころか、赤字のところもあります。ここで大幅なコストダウンを要求すると、廃業したり、中には倒産してしまう企業も発生するかもしれません。そのことをいくら上司に説明しても、理解してもらえません。もうこの会社、この仕事が嫌になりました……」
ある大手企業の人事課長を名乗る男性からのメールは壮絶でした。

「経営陣がやってはいけないことをやり、業績が大幅に低下してしまいました。このため、人事課長になったばかりの私に最初に指示された仕事は、社員のリストラでした。候補に挙がった社員さんたちにそれとなくヒアリングをしたのですが、それぞれ誠実に仕事をしており、しかも家族がいる人たちばかりで、企業を辞めたい社員、辞めてほしい社員はひとりもいませんでした。

結果として、期日までに上司にリストラのリストを出すことができませんでした。私は担当役員に呼び出され、3日間の猶予を与えるから改めて作成するよう、強く指示されました。その後の3日間は、会社にいても、自宅に帰っても、彼ら、彼女らの顔やその家族のことを思い浮かべると、ほとんど眠れませんでした。

指定された日に担当役員から呼び出され、ファイルを持参しました。それを見るなり役員は烈火のごとく怒り、『君は危険人物だ！』と罵られ、自宅待機を命じられました。ファイルにはたったひとりの名前しか書かなかったからです。そのひとりとは、人事課長である自分の名前でした。今はその会社を辞めましたが、後悔はしていません」

私はその光景を思い浮かべ、その企業に深い怒りを覚えるとともに、目頭が熱くなりました。

真にいい企業を見分ける１００の指標

最後に、就職活動中のある学生からのメールを紹介します。

「私は、就職人気企業ランキングで常に上位の、大企業数社から内定通知をいただいています。しかし先生の本を読むと、私が選び、内定通知をいただいた企業は、『いい会社』とはとてもいえない企業であることがわかりました。もう一度振り出しに戻り、規模やブランドに囚われずに企業を見てみることにしよう、真にいい企業を探して就職活動をやりなおそう、と考えています」

このメールを見て、私は心からうれしくなりました。

本書では、「真に人を大切にするいい企業になる」ための、また「そうした企業を見つける」ための新しい「モノサシ」を、五方良しの視点から１００に要約して示しました。

第1は、社員とその家族に関するモノサシ・指標として20

第2は、社外社員（仕入先や協力企業）とその家族に関するモノサシ・指標として20

第3は、現在顧客と未来顧客に関するモノサシ・指標として20

第4は、地域住民、特に障がい者など社会的弱者に関するモノサシ・指標として20
そして、第5は、「株主および関係機関」＝「盤石な経営」に関するモノサシ・指標として20
計100の指標です。
学生など社外の人だけでなく、経営者自身、あるいは社員自身も、ぜひこれらの指標に基づいて自社を評価してほしいと思います。
私の50年間・8000社以上の企業研究を踏まえてあえて言えば、

- 「超優良企業」は総合点で90点以上
- 「優良企業」は80点～89点
- 「平均的企業」は60点～79点
- 「改革・改善が急務の企業」は60点未満

となります。
企業は、人間の体と似ています。
症状は同じように見えても、胃が悪い場合、腸が悪い場合、肝臓が悪い場合があり、当然のことながら対処の仕方は違います。

本書の１００のモノサシによって問題の所在が明確になったら、まずそのことを全社員に明示してください。次に、優先度と重要度から判断し、全員参加で、より良い企業づくりに取り組んでください。大切なのは、ゆっくり・着実に実行し続けることです。

次章から、１００のモノサシ・指標について、ひとつずつ、その根拠と意味について述べていきます。なお、本文における「企業」と「会社」は同義語ですが、文章の流れによって使い分けています。

第1章

社員とその家族に関する指標

採点は72ページで行ってください。

指標 1	過去５年以上、希望退職を募ったことはない
指標 2	社員1人当たり、年平均の月間所定外労働時間は10時間以下であり、サービス残業もない
指標 3	過去５年間平均の正社員の転職的離職率は２％以下である
指標 4	正社員比率、または無期雇用社員が90％以上である
指標 5	再雇用を含めた実質定年が70歳以上であり、70歳以上の社員も在籍している
指標 6	社員に売上や生産のノルマを課したり、業績面での個人競争をさせていない
指標 7	社員やその家族のメモリアルデイには、会社からバースデイケーキなどの物品をプレゼントしたり、メッセージカードを渡すなどしている
指標 8	社員が就労継続困難になったり、死亡した場合、長期にわたってその家族を支援する制度がある
指標 9	社員1人当たり教育訓練費は年間10万円以上、または年間売上高の１％以上であるか、教育訓練時間が年間所定内労働時間の５％以上である
指標 10	快適な社員食堂やトイレ、社員が心身を休ませる場所、リフレッシュ施設などがある
指標 11	女性の育児休業取得率も休業後の復帰率もほぼ100％であり、男性の取得者も10％程度以上いる
指標 12	年次有給休暇の平均取得率は70％以上であり、時間単位の制度もある
指標 13	過去５年間、死亡や重傷などの労働災害は１回も起こしていない
指標 14	財務内容など主要な経営情報は、全社員に毎月公開し、理解を深めている
指標 15	定期的に社員意識調査を実施している。あるいは、社長や部門長との個人面談を年２回以上実施している
指標 16	新規学卒者の採用を定期的に行っているほか、常に価値ある人財を求めて行動している
指標 17	社員や家族の生活実態に合わせた在宅勤務制やフレックスタイム制など、多様な働き方がある
指標 18	社員の給料や賞与は業界の、または地域の平均以上である
指標 19	経営者と血縁関係のない社員出身の役員がおり、社員持株制度もある
指標 20	人事・給与体系は成果主義ではなく、どちらかといえば年功序列をベースとしている

●なぜ社員とその家族に関する指標が大事なのか

企業経営の最大の使命と責任は、企業に関わるすべての人々、つまりステークホルダーの幸福の追求と実現です。そして、ステークホルダーの中でも最重視しなければならないのが、社員とその家族です。

「身内だから」という心情的な理由ではありません。社員とその家族が幸福でなければ、よりよい企業経営ができないからです。高いＥＳ（社員満足）なくして、高いＣＳ（顧客満足）はあり得ないからです。

感動的なサービスを提供し、お客様の期待をはるかに超えるような、高い品質の新商品や新製品をつくるのは現場の社員です。その社員の満足度が低ければ、高いＣＳなど望むべくもありません。

企業が業績を上げるには、何よりお客様を大切にしなければなりませんが、お客様を大切にするためには、まず現場で顧客満足、顧客感動を担っている社員を大切にしなければならないのです。

「自分が死んだら、いつも着ていた会社のユニフォームを棺の中に一緒に入れてください」

ある企業の社員が残した遺言です。

会社とその仲間を愛し、トップや上司を信頼している社員は、企業に付加価値をもたらします。企業の成長を心から願い、上司の信頼や期待に応えようとするからです。そういう社員ばかりの企業が弱いはずがありません。

●社員の幸せとは自分と家族の幸せ

社員の幸せを考える時に大切なのは、社員の家族の幸せにまで、しっかりと目を向けることです。

人が働くのは、自分自身と家族などの大切な人、困っている人々のためなのです。「雇用しているのは社員だけだ。十分な報酬を支払っているのだから、家族のことは自己責任で考えてほしい」と考える経営者もいますが、こうした突き放した考え方で社員に接していては、本気で会社のことを考える社員が育つことはありません。

社員たちが、「子供も自分の会社に入れたい」、社員の子供たちが「自分も親が勤めている会社に入りたい」と望むような企業をつくるには、社員とその家族に関する指標が大事です。

逆に、社員とその家族を大切にしない企業には、業績を伸ばすためのピースが決定的に欠けていることになるのです。

指標 1

過去5年以上、希望退職を募ったことはない

▼この指標に○がつく企業の「強み」と、つかない企業の「弱み」

大幅な赤字に陥ったA社の社長は、借金をして社員にボーナスを払おうとしました。それを知った社員は、「社長、なぜこんな時にボーナスを出すのですか。私たちの大好きな会社、大好きな仲間のいる会社を社長の見栄で潰さないでください！」と訴えました。喜びも悲しみも苦しみも、ともに分かち合うのが、家族としての企業の姿です。

仲間を守らず企業を守るのは誤り

企業経営の最大の目的・使命は、「社員とその家族」「社外社員（取引先）とその家族」「現在顧客と未来顧客」「地域住民、特に障がい者などの社会的弱者」、そして「株主・関係者」の、5人の幸せの追求・実現です。

どれほど厳しい経済状況になったとしても、この5人、とりわけ社員とその家族の命と生活を守るのが、経営者の最大の仕事です。業績や勝ち負けを競うことも大切ですが、そ

れらはあくまでも、5人の幸せを実現するための手段です。

ところが、不況や経営の失敗によって業績が低下すると、やるべきことがほかにたくさん残されているにもかかわらず、社員の希望退職を募る企業が依然として後を絶ちません。

それどころか、最近は、黒字経営なのに、あるいは業績の落ち込みはさほどでもないのに、「将来に備えて」などと、訳のわからない理由で平然と希望退職を募るような企業も少なからずあります。

私はよくこうした経営者に「社員の首を切るならば、その前に自分の腹を切るべきです」とか、「社員を路頭に迷わせるならば、あなたも一緒に路頭に迷うべきです」と言うことにしています。

きつい言葉ですが、やむを得ないと考えています。

希望退職者を募集する多くの経営者は、「リストラをしなければ、企業が倒産し、全員が路頭に迷ってしまう。企業全体を守るためには、一部社員のリストラはやむを得ないことだ」と言います。しかし、それは大きな勘違いです。

希望退職者の募集の最大の狙いは、人件費の削減です。そうであるのなら、社員の人数を削減するその分、総人件費の削減、つまり全社員が給料を減額して、仲間を守ればいいのです。この場合、社長の減額幅を最も大きくすべきことはいうまでもありません。

指標 2

社員1人当たり、年平均の月間所定外労働時間は10時間以下であり、サービス残業もない

▼この指標に○がつく企業の「強み」と、つかない企業の「弱み」

私たちの調査研究では、所定外労働時間の長短と企業の業績のレベルには、明確な相関関係のあることがわかっています。つまり、所定外労働時間が短ければ短いほど企業の業績は高く、逆に所定外労働時間が長ければ長いほど、企業の業績は低いのです。

残業が常態化している企業は、それが経営の弱みだと考えなければなりません。

長すぎる残業は社員とその家族を不幸にする

わが国の社員の月間所定外労働時間（２０２０年）は、建設業や製造業が13～14時間、運輸業が24時間、流通業が10時間、情報通信業が16時間、そして医療・福祉が６時間など、業種により大きくばらついていますが、総平均では12時間前後です。

この数字の中には、いわゆる「サービス残業」は入っていないので、もっと長いのが実態でしょう。個別企業を見ると、１カ月50時間どころか、１００時間をはるかに上回るよ

うな超長時間残業企業も少なからずあります。

こんな長時間残業を日常的にさせていても、社員にとっても企業経営にとってもよいことはひとつもありません。社員を心身ともに疲弊させ、家族団らんのひとときも奪うことになります。

マイナス要因は企業経営も同様です。仮に深夜まで残業して生産しても、その分商品を高額で販売することなどできないので、企業の収益を悪化させるばかりだからです。

日本の社員の所定外労働時間が長い理由は、利幅の限られた下請型の企業経営や、残業手当が生活費の一部になっているような賃金設計など多々あります。ただ最も大きな理由は、有給休暇の取得率が低い理由と同じで、余裕のない経営をしているからです。

そのため突発的な受注があったり、社員の誰かが用事で休むとたちまち残業となってしまうのです。

所定外労働時間を減らすには、価格競争から脱した高付加価値型の経営を進めるとともに、無理強いをしない・させない、腹八分の経営が必要です。

そのためには、現場の社員の創意工夫が頼りです。だからこそ、人の生産性向上によって得られた利益は、当然社員に分配されなければなりません。残業を減らすことを人件費削減の手段にするようでは、成果など望むべくもないでしょう。

指標 3

過去5年間平均の正社員の転職的離職率は2%以下である

▼この指標に○がつく企業の「強み」と、つかない企業の「弱み」

転職的離職率は低ければ低いほど「いい企業」といえます。社員や家族の満足度・幸福度が高く、愛社心が高い社員が、あえて他社へ転職するなどあり得ないからです。転職的離職率が平均して5%以上の企業は、社員の不平・不満・不信が鬱積していると考えるべきです。転職的離職率の低さは、社員の満足度・幸福度の指標でもあります。

社員に愛されない企業は顧客からも愛されない

わが国の一般労働者（常用雇用者）の年間平均離職率は11%前後、性別では男性が10%、女性が14%となっています。離職理由は企業側の都合、つまりリストラが全離職者の7%、定年が4%前後ありますが、大半の理由は個人的な理由です。結婚や出産・育児、家族の看護や介護、他社への転職のための離職などです。

個人的な理由で特に重要な問題は、他社への転職に伴う離職です。転職的離職者には、人生設計の中で自分自身をキャリアアップするためという人もいますが、そうした人は少数で、大半の人は、その企業・その組織に属することに嫌気がさして辞めてしまうのです。

この意味で、転職的離職率のレベルは、「いい企業」か否かを判断する上で、極めて重要なメルクマールといえます。

転職的離職率の理想は0％ですが、キャリアアップのための転職もあるので、2％以下があるべき姿だといえるでしょう。

近年、新規学卒者の入社3年以内の離職率は、中卒が7割、高卒が5割、大卒が3割で、7：5：3現象などと揶揄されますが、放置できない大きな問題だと思います。

中には新入社員が辞めることを前提に、あるいは辞めさせることを前提に、必要人員の1・5倍とか2倍の社員を採用する企業も少なからずあります。

社員に愛されないことを前提に企業経営を行うような企業は、はじめから健全な経営を放棄しているというしかありません。

「日本でいちばん大切にしたい会社大賞」の受賞企業の中には、社員数が1万人をはるかに超えているにもかかわらず、近年の転職的離職率がなんと0・7％の企業があります。また、社会福祉法人は定着がむずかしいとされる典型的な業種ですが、その中で、10年以上離職率がゼロという法人もちゃんと存在しているのです。

指標 4

正社員比率、または無期雇用社員が90％以上である

▼この指標に○がつく企業の「強み」と、つかない企業の「弱み」

働くほとんどの人は、正社員雇用を望んでいます。それも当然で、正社員として雇用されれば雇用期間を気にせず働けるし、生活も気持ちも安定するからです。十分な処遇をされた社員は、よけいな心配をせず、もてる力を十分に発揮します。正社員比率が高いか低いかは、企業のポテンシャルが高いか低いかの指標でもあるのです。

人件費支払いは企業の目的

わが国の社員の就業形態を見ると、正社員比率が63％、非正規社員比率が37％です。そして正規・非正規、つまり有期雇用か無期雇用かを性別でみると、男性の正社員比率が77％であるのに対し、女性のそれは45％にすぎません。

業種別では、大きくばらつきがみられます。正社員比率が高いのは、建設業の87％、情報通信業の86％、そして製造業の77％などです。一方、医療・福祉は63％、流通業は52％、

そして宿泊業、飲食サービス業は31%などとなっており、平均を大きく下回っています。

個別に見ると同じ業種、同じ規模でも、正社員比率が90%以上の企業もあれば、逆に30%以下という企業もあります。この意味では、正規雇用か非正規雇用かは、業種特性というより、企業の経営の考え方、特に社員に対する見方によるところが大きいといえます。

非正規社員の割合が高い企業は、多くの場合、人件費を最大のコストと見ており、固定費ではなく変動費として扱いたがります。事実、正社員を100とした非正規社員の賃金（含む賞与・福利厚生分）は、50%前後以下にすぎないのです。

雇用契約面でも、正社員として雇用すればよほどのことがない限り雇用は定年まで守られますが、非正規の場合は契約期間が満了すればそこで終了。そのため人件費はコストの調整弁として扱われることになります。

社員とその家族を大切にする経営では、人件費は社員とその家族の生活を守る基礎です。ですから人件費は、企業にとって、追求すべき目的のひとつなのです。

この指標では、正社員比率は100%としたかったところです。しかし社員の中には、正規より非正規のほうがいいという人も少なからずいるので、90%以上としています。

望ましいのは、正社員を希望する人は正社員として、非正規社員を希望する人は非正規社員として雇用することです。

指標 5

再雇用を含めた実質定年が70歳以上であり、70歳以上の社員も在籍している

▼この指標に○がつく企業の「強み」と、つかない企業の「弱み」

慢性的な人財不足社会を乗り切るためにも、増大するシニアマーケットに対応するためにも、高齢者の活躍が期待されています。「高齢者雇用は若い社員の雇用の場を奪う」などと言う人もいますが、それはあまりにも現場知らずです。そうした見方・考え方を変えない限り、企業の未来はありません。

定年制はなくていい

２０１７年の統計によると、わが国の社員の定年年齢は60歳が79%、61歳から64歳が３%、65歳が16%、そして66歳以上は、わずか１%です。近年は65歳とする企業が増加傾向にありますが、66歳以上とする企業はさすがに少なく、１０００人以上企業では実質ゼロの状況です。

大半の企業では、60歳でいったん定年退社させ、その後、希望者を嘱託等として再雇用

し、65歳で退職してもらうという形をとっています。しかしこの人生100年時代、60歳や65歳で退職させるというのは、本当にもったいないことです。

今では、肉体作業的な仕事の大半は機械やロボットに置き換えられており、仕事の多くが知識労働になってきているからです。そうした仕事は年齢に関係がなく、むしろ高齢者の豊かな経験を活かすことができるはずです。

少子化の影響もあり、今後20年間で見ても、わが国の労働力人口は1000万人以上減少することが決定的です。一方で高齢者は、この間に400万人以上も増加します。増え続ける高齢者のパワーを生かさない手はありません。

「もう働きたくない」と言う高齢者もいますが、多くの高齢者は長く働きたいと思っています。日本経済新聞社の調査によると、「70歳をすぎても働くつもり」と回答した人は全体の37%でした。70歳以上の回答者に限ってみると45%、60歳以上で見ると54%となっています。つまり多くの人々は、70歳以上になっても働きたいと思っているのです。

ところが現実は、日本の65歳以上の労働力率は、男性が30%前後、女性が15%前後と、大半の人々は働いていません。働きたい高齢者に働ける場をつくり、社会を活性化させるのも企業の役割です。理想は定年を延ばすというより、社員の意志を重んじる「定年廃止」だと思います。

指標 6

社員に売上や生産のノルマを課したり、業績面での個人競争をさせていない

▼この指標に○がつく企業の「強み」と、つかない企業の「弱み」

ノルマを課され、無理な競争を強いられる環境では、価値ある仕事などできません。ノルマ以上の働きをしようとはせず、同僚に勝ってさえいれば、そこから成長しようと考えることもないでしょう。ノルマや業績競争から解放されることで、社員は企業全体の幸福のために制限のない力を発揮します。

ノルマから目標へ経営の質を上げる

社員1人ひとりに、その日やその月に達成しなければならない、売上や生産の厳しいノルマを課している企業が少なからずあります。営業で言えば、「1日○軒訪問」とか「月に○○の受注金額必達」などといったノルマです。生産現場では、「1日○個生産すること」、そのためには「1時間で○個生産すること」などのノルマがあります。

社員の納得できるものであればともかく、中には心身に過度な負担をもたらすようなノ

ルマもあります。しかも、ノルマを達成できなかった社員にペナルティーを課したり、まるで見せしめのような状況に追い込んだりするケースもあります。そして、その後の昇給や賞与、さらには昇格などに大きな影響を及ぼします。

社員は理不尽に感じながらも、自身や家族の生活を抱えているので、何とか達成しなければと必死で働きます。やがて自分のノルマを達成することだけを考えるようになり、同じ職場で一緒に働く仲間の社員が困っていたとしても、手を差し伸べることもしなくなってしまうと思います。

経営者や幹部社員は、自分が社員であった頃のことを思い出せば、ノルマがいかに理不尽なことか、簡単にわかると思います。ノルマによって、社員は心身ともに追い込まれ、場合によっては大切な顧客に嘘をつかざるを得ない場合もあるのです。

社員は家畜でも奴隷でもありません。幸せになりたい、仲間を幸せにしたいと考えて生きている人間です。

もちろん、社員に目標を示すことは重要です。目標は、何のためにどういう努力をすべきなのかを明確にしてくれます。しかし、目標はノルマではありません。目標とノルマの違いは、その結果を個人の昇給や賞与、昇格などの評価に、これ見よがしに使うか使わないかです。

指標 7

社員やその家族のメモリアルデイには、企業からバースデイケーキなどの物品をプレゼントしたり、メッセージカードを渡すなどしている

▼この指標に○がつく企業の「強み」と、つかない企業の「弱み」

２００８年のリーマンショックで、売上が前年から7割も落ちた企業がありました。しかし経営者は誰ひとりリストラせず、経営者自身の給料を１ドル（当時１ドルは90円を切ることもあった）にしました。３００人いた同社社員のその時の合言葉は、「社長の給料を元に戻そう」でした。これも社員とその家族を大切にする企業の強さです。

社員の家族にもプレゼントを贈る

企業の原点は家族です。ですから、大家族のような経営を行うことが、企業の正しい姿です。こう考えれば、社員1人ひとりに、家族と同じように気を配り、心を配らなければならないのは当然だと思います。

そのひとつが、社員の誕生日などメモリアルデイへの対処です。メモリアル休暇を付与

するのもひとつの考え方でしょう。ただ、それ以上に効果的なのは、その日は出社してもらい、本人に主役になってもらうお祝いの仕方がいいと思います。

例えば、社員が出社した朝礼時、社長あるいは部門長が、皆の前で「今日は○○さんの誕生日です。皆さん拍手でお祝いください」と紹介します。昼食時には誕生日の社員を囲み、家族のこと、楽しかったこと、辛かったことなどを話してもらってもいいでしょう。

その日はどんなに忙しくても、誕生日の社員に残業をさせるべきではありません。少しでも早く、首を長くして帰りを待っている家族のもとに帰すべきです。

帰りには、社長や幹部社員がバースデイケーキを本人に手渡し、本人宛て、あるいは家族宛てのメッセージカードをしたためればなおよしです。ケーキを持ち帰るのが面倒な社員には、事前にケーキの宅配を依頼し、社員が帰宅する頃に食卓にケーキが置いてある――ということでもいいでしょう。

社員数2万人のある企業では、全社員の誕生日にバースデイケーキをプレゼントしています。さらにクリスマスケーキも、全社員にプレゼントしているそうです。

別の企業では、社員はもちろん、社員の家族全員と、社員の配偶者の実家のご両親にも誕生日のプレゼントをしています。

こうした企業の社員が、企業を愛するようにならないわけがありません。

指標 8

社員が就労継続困難になったり、死亡した場合、長期にわたってその家族を支援する制度がある

▼この指標に○がつく企業の「強み」と、つかない企業の「弱み」

社員や家族に対する支援制度が貧弱であれば、社員の大半は、企業のために懸命に働くことなどしないでしょう。頑張って働いて、万一心身に異常が出たりすると、自分ばかりでなく家族も不幸になってしまうことを知っているからです。家族に対する保障は、社員が安心して仕事に全力を投入できる施策なのです。

社員とその家族に責任をもつ

社員が亡くなった場合、遺族が希望すれば、無期雇用社員として優先的に雇用する企業があります。

あってほしくないことですが、社員は皆、生身の人間です。何らかの原因で就労継続が困難になったり、事故や病気で死亡する場合もあります。

大半の人は、そうした場合に備えて保険に加入したり、預貯金をしているでしょう。し

かしどんなに準備をしていても、一家の生計を支えている人が死亡したり、働けなくなったりすると家族は大変な苦境に陥ります。

その社員の子供が幼少だったり、学生だったり、配偶者が病弱だったり、他に頼れる親族もいないといった場合は深刻です。だからこそ、そうした社員や家族をひとりもつくらない経営、ワークライフバランスを重視した、社員を病気や怪我から守る健康経営が求められているのです。

しかし、いつ、何が起こるかはわかりません。万一、家族の要である社員にそんな事態が発生した場合には、企業はワークライフバランス重視の経営から一歩進んで、家族に可能な限りの支援をすることが必要であり、それが正しいことなのです。

具体的な支援策は多々ありますが、効果的と思われることのひとつは、企業独自の育英金制度の創設です。

利益の一部を「○○育英金」などとして積み立てておき、子供が大学を卒業するまで、あるいは亡くなった社員が定年年齢に達するまで、毎月2万円とか3万円を支援し続けます。もちろんこれは返済不要の奨学金です。

企業が全額を負担し、受取人は社員の家族といった年金型の保険に加入することも効果的だと思います。

指標 9

社員1人当たり教育訓練費は年間10万円以上、または年間売上高の1%以上であるか、教育訓練時間が年間所定内労働時間の5%以上である

▼この指標に○がつく企業の「強み」と、つかない企業の「弱み」

企業とは人財育成業です。学校や教育機関ではなく、企業こそが地球上で最大・最良の教育機関なのです。そして企業の成長とは、社員の成長の総和です。ですから企業を成長・発展させようと思うのであれば、何より社員の成長を促さなければなりません。はっきりしているのは、教育に熱心な企業ほど、好業績を持続しているという事実です。

教育時間は財産構築の時間

「社員が平均して前年比5%成長する」ということは、企業が5%成長する――つまり付加価値が5%伸びるという意味です。社員が5%しか成長していないのに、企業が10%成長していれば、5%はバブルということです。あるいは社員に5%分、能力以上の圧力をかけ、無理をさせているのかもしれません。

企業を成長させるために、経営者は機械設備を増強したり、営業拠点の拡大をはかったりします。ただそれ以上に重要なのは、社員を成長させることなのです。

しかし多くの企業は、経済的な事情や時間的に余裕がないという理由で、社員教育に熱心とはいえない状況です。例えば、厚生労働省の「就労条件総合調査」を見ると、社員1人当たり年間教育費は、大企業が2万円前後、中小企業にいたってはわずかに5000円前後で、総平均でも年間1万2000円程度にすぎません。

社員教育に熱心な企業かどうかのモノサシは、次の3つの中から自社に合っていると思われるものを参考にすればいいでしょう。

1つ目は「売上高に対する教育費の割合が1%以上か」、2つ目は「社員1人当たりの年間教育費が10万円以上か」、そして3つ目は「社員1人当たりの所定内労働時間に占める教育時間が5%以上か」です。

売上高が10億円であれば1000万円以上、社員が100名の企業でも1000万円以上、となります。所定内労働時間比でいうと、現在のわが国の被雇用者の年間平均所定内労働時間は約1700時間なので、それに5%をかけると85時間となります。それを12カ月で割ると7時間。つまり、年間では12日以上、1カ月では丸1日以上が、望ましい教育時間ということです。

指標10

快適な社員食堂やトイレ、社員が心身を休ませる場所、リフレッシュ施設などがある

▼この指標に〇がつく企業の「強み」と、つかない企業の「弱み」

私はこれまで８０００社を超える企業の現場を訪問してきましたが、その際、必ず社員食堂や休憩室、トイレを見ることにしています。それらを見れば、経営者の経営の考え方、特に社員に対する基本的な姿勢がわかるからです。その基本姿勢は必ず社員に伝わっており、企業の経営に大きく影響しています。

企業の本心が直接社員に伝わる場所

中国の一流といわれているホテルでも、まだ温水便座が全くといってよいほどない時代、私は広州にある社員数２０００名の日系自動車部品工場を訪問しました。社員食堂も出される料理も立派で、宿泊したホテルもかなわないレベルでした。それよりなにより驚いたのは、本社も工場も、ほとんどが温水便座のトイレだったことです。

社員食堂やトイレなどの施設は、法定福利でも何でもありません。つまり、やってもや

らなくてもいいのです。このことを経営者に聞くと、「社員は、自分たちが本当に大切にされているかどうか、よくわかっているのです。私は、自分が社員だったらどうしてほしいかを、常に考え経営しているのです」との答えでした。

この工場の業績は、世界100カ所以上の工場の中でトップクラス。社員の離職率は、当時の業界平均の30%~40%をはるかに下回る、10%未満だといいます。

企業の建物や工場、店舗、設備や備品などが立派という企業はたくさんあります。逆に少ないのは、社員食堂や社員の休憩室、トイレが立派という企業です。

本当は、社員たちが日常使う、そうした場所にこそ、企業はもっともっと気配りをし、お金を使うべきです。

「福利厚生施設は、売上に直結するようなものではないので……。余裕ができたらやるつもりです」という関係者もいます。しかし、こうした考え方は基本的に間違っています。

社員食堂は、単に食事をする場所ではなく、午前中の疲れをいやし、午後の鋭気を養う場です。同時に、部署を超えた仲間とのコミュニケーションの場でもあります。

そうした「場」にどれだけ心を配っているか、社員たちはそこに、会社の姿勢や思いを感じ取ります。企業の生産性は設備ではなく、社員の働き甲斐や仲間意識が決定するのです。

指標 11

女性の育児休業取得率も休業後の復帰率もほぼ100％であり、男性の取得者も10％程度以上いる

▼この指標に○がつく企業の「強み」と、つかない企業の「弱み」

「日本でいちばん大切にしたい会社大賞」受賞企業の女性の育児休業取得率は、ほぼ100％です。また、男性の取得率が高いのも特徴です。中には、子供が3歳になるまでとか、小学校6年生になるまで取得が可能といった企業もあります。気兼ねなく育休の取れる企業には、必ず女性社員が戻ってきます。

社員とその家族を大切にすれば、少子高齢化は解決する

育児・介護休業法では、育児休暇については、子供が1歳になるまで取得可能となっています。ですから、出産した女性社員の場合は、産後休暇（8週間）後の10カ月が、育児休業期間ということになります。法律は2017年に次のように大幅に改正されました。

「子が1歳6カ月に達する時点で、次のいずれにも該当する場合には、子が1歳6カ月に達する日の翌日から、子が2歳に達するまでの期間について、事業主に申し出ることによ

り育児休業をすることができる。また、①育児休業に係る子が1歳6カ月に達する日において、当事者本人または配偶者が育児休業をしている場合、②保育所に入所できない等、1歳6カ月を超えても休業が特に必要と認められる場合、のいずれの場合も、延長・再延長が可能である」

育児休業取得率について、統計を見ると1996年当時、女性の取得率は49%と半分もありませんでしたが、その後年々上昇し、今は83%前後になっています。

かつては、働く女性の多くは出産育児で企業を退職していったのですが、最近では、83%の女性社員が育児休暇を取得し、再び企業に復帰してくれています。

ちなみに男性の取得率は、かつては1%程度に過ぎませんでしたが、年々少しずつ上昇し、最近では6%前後です。

83%の女性社員が育児休業を取得しているとはいえ、決して評価できる比率ではありません。というのは、残り17%の女性は、何らかの理由で取得せず、あるいは取得できずに出産によって退社してしまっているからです。

出産を機に子育てに専念したいからという女性もいるでしょう。しかしより大きな理由は、育児休業を取得しづらい組織風土や、育休期間中及びその後の不安を取り除くハートフルでタイムリーな支援制度が不十分だからだと思います。

指標 12

年次有給休暇の平均取得率は70％以上であり、時間単位の制度もある

▼この指標に○がつく企業の「強み」と、つかない企業の「弱み」

この指標に○がつかないのは、薄利多売型で、生産性が著しく低い企業だからです。生産計画と工数（社員数）が目いっぱいのフル操業を前提に事業計画が組まれていれば、社員は心身共に余裕・ゆとりをもった就労などできるはずがありません。逆に社員が誰にも気兼ねせず、自由に、積極的に有給休暇の取れる企業は、経営にも余裕のある企業です。

儲からない企業ほど有給休暇が取れない

「有給休暇を取ると、仲間に迷惑がかかる」と社員たちが考えている企業があります。そうした企業は、有給休暇を取る社員が悪いのではなく、綱渡りのような経営のままで、そのしわ寄せを社員に押しつけている企業が悪いのです。

儲からないから社員に無理を強いる。社員に無理を強いるから、価値ある仕事が生まれない。価値が生まれないから利益が薄い。そんな負の循環があります。

有給休暇の取得率は、規模や業種によって35%から70%程度までとばらついていますが、総平均で55%前後に過ぎません。ちなみにドイツやフランスなどでは、年次有給休暇日数が30日と日本より多いにもかかわらず、その取得率は100%です。

こうした状況を踏まえ、わが国でも2020年までに取得率を70%にしようという高い目標を掲げて5日間の取得も義務化しましたが、なかなかその目標値には届きません。

諸外国と比べて有給休暇の取得率が低い原因は、日本人の労働観や国民性などもあるかもしれませんが、大きな理由はやはり、「取れない」「取りづらい」という就業環境や職場風土、さらには企業の人事・労務制度にあると思います。

そしてその背景には、低い生産性のまま、ギリギリの人員でフル操業をし、やっと採算が取れるという経営を続けている多くの企業の存在があります。

こうした企業で、多くの社員が多くの有給休暇を取得すると、生産計画そのものに大きな支障を来してしまいます。そのため、有給休暇を取得したら、仲間の誰かにその分の負荷がかかると、多くの社員が思ってしまうのです。

もうひとつの理由は、社内に「お互い様風土」が醸成されていないことです。周りの空気・仲間の顔色を気にしながら休暇を取らざるを得ない、「とりづらい空気感」が職場に蔓延しているためで、これを払拭することも経営者の務めだと思います。

指標 13

過去5年間、死亡や重傷などの労働災害は1回も起こしていない

▼この指標に○がつく企業の「強み」と、つかない企業の「弱み」

「日本でいちばん大切にしたい会社大賞」受賞企業で、大型の機械を製造している会社ですが、新工場・旧工場とも工場内はすべてバリアフリーでコード類もいっさいありません。また工場内には、高さ140センチ以上の機械設備は1台もありません。それは、社員の命と生活を守るためです。社員は、こういう企業の使命感に応えようと働きます。

社員とその家族を守るのは企業の使命

厚生労働省の「労働者死傷病報告」によれば、企業で発生した社員の死傷災害は40年ほど前の35万人からは減少していますが、この5年間で見ても年間12万人前後もあります。最も深刻な死亡者数を見ると、40年前の3300人前後と比較すればやはり減少してはいますが、今日でも年間900人前後あります。

死傷の主な原因は、昔も今もほとんど変わりません。転倒が25%、墜落・転落が17%、

動作の反動・無理な動作が13％、挟まれ・巻き込まれが11％、そして交通事故が６％などです。

こうした労働災害が発生しやすい業種や職種もあると思います。しかし最大の理由は、企業や社会の、社員の安全への配慮が十分ではないからであり、社員の仕事の慣れによる不注意からです。

その意味では、労働災害は解決不可能な問題などではありません。

「日本でいちばん大切にしたい会社大賞」の応募資格には、「過去５年間、死亡や重傷などの労働災害を発生させていないこと」という項目があります。「社員に責がある場合は除く」とか「〇〇の業種は除く」とは、一言も書いてありません。そもそも労働災害を認めていないのです。

それは、社員とその家族の命と生活を守るのが、企業経営の最大の使命と責任だからです。ですから企業はどんな場合でも、死亡や大怪我をさせるような仕事を、人間である社員にはやらせるべきではありません。

どんなに費用がかかっても、1年に1回しかやらない仕事であっても、機械やロボットを投入し、大きな事故が発生することを防ぐ措置を取らなければなりません。それができないような経営や商品づくりをしてはいけないのです。

指標 14

財務内容など主要な経営情報は、全社員に毎月公開し、理解を深めている

▼この指標に○がつく企業の「強み」と、つかない企業の「弱み」

経営者は可能な限り、企業のホット・生・ミクロの情報を、全社員で共有すべきです。情報の中でも最も重要なのは経営ビジョンであり、財務情報でしょう。中長期経営ビジョンや財務の情報を開示せずに、全員経営などできるはずがありません。

財務情報の不開示は社員を信用していない証拠、公私混同経営の証拠

企業は、経営者や株主のものではありません。社員も含めた、社会全体のものです。なぜなら、経営者や株主だけでは、企業活動は何ひとつできないからです。社会財を活用し、関係する企業や人々の支援・協力を得て、はじめて企業活動は成立しています。

人格・識見・能力が特に優れているから社長、それらが劣っているから社員、というわけではありません。社長は社長という仕事をする社員、部課長は部課長という仕事をする社員、そして、社員は社員という仕事をする社員というだけなのです。偉い・偉くないと

いうことではなく、その役割と使命が違うにすぎないのです。

企業経営はチーム戦・団体戦であって、個人戦ではありません。ひとりだけでは何もできないからこそ、全員経営が必要です。

社員の潜在能力を引き出し、力を結集し、全社一丸となり、火の玉集団のような組織となって経営ができるのであれば、その企業は盤石といえます。

企業の未来や現状、求める姿と現実のギャップから明らかになる課題、その課題を解決するためのスケジュールや役割分担などを社員に知らせないままでは、社員のやる気が高まるはずがありません。それどころか、重要な情報を知らせなければ、経営者や組織に対する不信感が増幅していくことでしょう。

情報を開示する場合は、単に売上高や経費、利益だけでなく、付加価値労働分配率や利益の分配割合も明示しておくと、なおよいと思います。そうすることで社員は、企業の業績動向だけでなく、自分の給料や生活が少なからず予測できるからです。

月次決算書は、全社員に毎月開示したほうがいいでしょう。決算書に不慣れな社員もいますから、わかりやすい内容にして伝えることができればベストです。

4半期に1回、あるいは1年に1回開示している、という企業もありますが、毎月がベターです。そうしたほうが、何ごとに対しても早く手が打てるからです。

指標 15

定期的に社員意識調査を実施している。あるいは、社長や部門長との個人面談を年2回以上実施している

▼この指標に○がつく企業の「強み」と、つかない企業の「弱み」

私は社員意識調査を100社以上で実施しています。自由記入欄に書かれた要望意見には頭が痛くなるような内容も少々あるものの、およそ3分の1は、すぐにでもやれそうな、なるほどとうなずかされる良い内容でした。意見や提案をしっかりと聞くことの積み重ねが、社員との信頼関係を強くします。

改善改革はできるだけ速やかに実現する

人事権をもっている人に楯突く人はめったにいません。社長や上司に苦言を呈したら最後、たいていの場合は、煙たがられるどころか、評価も下がってしまうからです。

その結果、多くの企業では、社長や上司に耳障りな情報を伝えたり、苦言を呈する社員はいなくなり、社員はまるで歌を忘れたカナリヤのように黙り込んでしまいます。一方で優秀な人財は、そんな会社は辞めてしまいます。

だからこそ1年に1回、または隔年に1回程度、全社員を対象にした「社員意識調査」を実施すべきなのです。呼び方は「社員満足度調査」でも「社員幸福度調査」でも、何でもかまいません。

この調査は第三者に依頼し、全社員無記名で実施したほうがいいでしょう。社員数が100名以上の企業の場合は、個人が特定されない範囲で、支店名や性別・年代、職種などは記入してもらったほうがいいと思います。調査結果を、その後の経営のピンポイントの改善・改革に活かすためです。

意識調査の結果は、しかるべき後に全社員に開示し、「なるほど」と思えることは可能な限り早い段階で、目に見えるように実行に移すべきです。優れた提案があっても、現在の職場環境や支払い能力などのために実行することがむずかしい場合は、今できない理由を全社員に明確に知らせてください。

この社員意識調査と並行して実行すべきなのが、社長あるいは部門の長と、社員1人ひとりとの「個人面談」です。これは年に2回程度は実施したほうがいいでしょう。

「面接」ではなく「面談」であることが重要です。「面談」の目的は、評価をするためではなく、社員を孤独にさせないためであり、社員1人ひとりが家族の一員であることを示すためでもあります。

指標16

新規学卒者の採用を定期的に行っているほか、常に価値ある人財を求めて行動している

▼この指標に○がつく企業の「強み」と、つかない企業の「弱み」

長期にわたって安定的に成長・発展している「いい企業」は、人財の確保に常に熱心です。これらの企業には、「好況だから採用する・不況だから採用しない」などという考えはありません。「いい企業」はいつの時代も、どんな外部環境であっても、常に人財を求め続けているのです。

企業の経営資源は人財がすべて

「経営の3要素はヒト・モノ・カネである」とか「人材・技術・情報である」という通説があります。しかし、こうした見方は誤解です。経営はすべて人、特に「人財」であり、モノやカネ、技術や情報はすべて人のための道具にすぎません。企業の付加価値を創造する要素は唯一、「人財」だからです。経営は1に人財、2に人財、3に人財で、企業の盛衰はすべて、人財の有無と活躍度で決まるといっても過言ではありません。

好況を持続させる、あるいは不況を克服する唯一の経営資源は人財です。ところが、問題の多い企業に限って、不況が予想される年は採用をしなかったり、採用人数を減らしたりします。それでは人財の層が薄くなり、自力で景気を創造することなどできなくなります。その結果、景気の回復を待つしかないような、まさに神頼みの経営になってしまうのです。

採用には新規学卒者の採用と中途採用の2つがありますが、創業初期の段階はともかく、ある程度の社歴になったら、両面で進めるべきでしょう。一般論で言えば、採用の中心は新規学卒者としたほうがいいと思います。

人にもよりますが、新卒者はまだ固定化した価値観がなく、総じて真っ白の状態だからです。しかも弟や妹のような後輩の入社によって、既存社員たちには「教えさせる教育」の機会をつくることができます。

もちろん、中途採用も重要です。世の中には、社員を人間とも思わないような企業と決別した、人柄のよい価値ある人財が少なからず存在しています。こうした人々のためにも、年間を通して門戸を広く開けておいたほうがいいのです。

採用の判断で最も大切なのは、一緒に働きたい仲間になれるかなれないか、です。この意味で採用も、できるだけ多くの社員を直接的・間接的に参加させるべきだと思います。

社員や家族の生活実態に合わせた在宅勤務制やフレックスタイム制など、多様な働き方がある

▼この指標に○がつく企業の「強み」と、つかない企業の「弱み」

時代環境の変化と、人にやさしい経営の実践を考えると、社員1人ひとりの生活実態や個性に合わせた多様な働き方を用意するのが、本人はもちろん企業の業績向上にとっても望ましいことといえます。多様な働き方の可能な企業が人財を得るうえでも有利なことは、いうまでもありません。

ポストコロナは多様な働き方の時代

社員はさまざまなバックグラウンドの中で働いています。重度の障がい者と一緒に暮らしている社員、日常的な介護や看護が必要な家族と一緒に暮らしている社員もいます。さまざまな理由で、生活に困窮している社員もいます。心身に病を抱え、通院しつつ働かなければならない社員もいます。

こうしたいろいろな境遇で生き、働いてくれている社員を、一律の規則・制度で縛ってしまったら、その人たちは仕事どころか生活に不便を強いられることになるでしょう。

全員が同時にラインに並んで仕事をするような、ベルトコンベアー型の仕事も少なからずありますが、一方、必ずしも朝8時から夕方5時まで会社の中にいなくてもいい仕事もたくさんあります。近年では、インターネットを利活用し対応できる仕事も多く、テレビ会議なども可能なので、全社員を同じルールで縛る必要もなくなってきています。ソフト・サービス型産業社会への移行の中で、近年はそうした仕事がますます増えているのが現実です。

私のよく知る社員数6000名の企業では、1人ひとりの社員に「最も働きやすい働き方」等について要望や意見を聞き、可能な限りそれを実行した結果、現在ではなんと600通りを超える「働き方」が利用されています。

自分ごとですが、私はこれまで100冊を超える著書を執筆してきました。ただ、職場である大学研究室では、1枚の原稿も書いたことがありません。構想は寝ながら、あるいは移動しながらで、原稿書きはすべて自宅の書斎です。

その理由は、大学にいる時は、そこでしかできないこと・やれないことに、自分のもっているすべての時間を使いたかったからです。この意味では、通常の8時から17時までの成果だけで評価されたら、私は研究者として失格だったかもしれません。

指標 18

社員の給料や賞与は業界の、または地域の平均以上である

▼この指標に○がつく企業の「強み」と、つかない企業の「弱み」

社員の給料が、業界や地域の平均を大きく上回る中小企業は数多く存在しています。こうした中小企業に共通しているのは、「仕事を取った・取られた」といった喧嘩ビジネスや価格競争型ビジネスなどを避け、「他社がやらない、できない、やりたくない」いわば非価格競争型ビジネスで生きていることです。給料の高さは経営の質の高さの証でもあります。

経営のレベルの高さは付加価値にあらわれる

厚生労働省の「賃金構造基本統計調査」によると、40歳から44歳の社員の全産業・全職種の所定内給与は、男性が36・1万円、女性が26・1万円です。また同年代の年間賞与で見ると、男性が118・1万円、女性が70・5万円です。

企業規模別や業種別で大きなギャップがあり、例えば社員数10人から99人規模に限ってみると、男性が31・6万円、女性は24・5万円、また年間賞与では男性は65・9万円、女

性が50・3万円です。ただこれは平均ですから、企業によっては、これよりはるかに低いところも多々あるでしょう。

しかし、「中小企業だから給与や賞与が低くて当然」という考え方は間違っています。というのは、経営者や幹部社員はともかく、現場、特に3Kとか5Kなどといわれる仕事に従事する社員は、どこの企業でも慢性的に人財不足状態にあるからです。

こうした状況では、人柄の良い創造型の人財社員であれば、どこにでも就職できます。そういう人たちがさまざまな理由で離職せず、属する企業で頑張ってくれています。「雇ってやっている」という考え方は、大間違いなのです。

業績が高いのは、社員の努力の結果です。社員の努力があるから、顧客に支持される高い品質が維持され、高付加価値を生む製品・サービスが生まれます。

業界や地域の平均より高い給与水準を維持している企業はどこも、高い付加価値を生み出しています。これらの企業のほとんどは年度当初に、全社員に対して明確に利益の分配基準を示しています。だからこそ社員は頑張るのです。

私がよく知る京都市の社員数20名のモノづくり企業の平均年収は、40歳で700万円。また、さいたま市の社員数70名の建設関連の中小企業の平均年収は40歳で600万円となっています。やれば、できるのです。

指標19

経営者と血縁関係のない社員出身の役員がおり、社員持株制度もある

▼この指標に〇がつく企業の「強み」と、つかない企業の「弱み」

オーナー経営者であっても、企業を私物化しているような言動は慎まなければなりません。社員の組織愛は醸成されず、モチベーションも落ち込んでしまうでしょう。そんな経営をしていたら、まともな社員はやがて嫌気がさし、企業を捨て去るのは目に見えています。「私利を捨てる」――それが社会的公器である企業の経営者の矜持です。

企業価値を上げる主役の社員を株主に

経営者の中には、自分が全財産を投げ打って設立した企業なのだから、「企業は私のものである」と考える人が、残念ながらたくさんいます。そういう人は、まるで企業を私物のように扱う経営をしがちです。

人事面で言えば、社長も、専務も、常務も、そればかりか部長まで家族などの親族で占めているといった企業です。給与面で言えば、経営者の月収は３００万円とか４００万円

である一方、一般社員の給料は30万円にも満たないといった企業です。

企業の株も大半が家族や親族で保有し、他の社員は1株も保有することができないといった企業もあります。こうした企業経営の考え方、進め方では、社員はもちろんのこと、社会からも決して評価されないでしょう。

それも当然です。企業はさまざまな関係者の支援を受けているとともに、多くの社会財を利用しながら生きている組織であり、まさに社会的公器だからです。

だからこそ企業は、血縁の有無にかかわらず、ふさわしい社員がいるのであれば、社長や役員に抜擢すべきだし、自社株を保有したいという社員がいるのなら、その希望に応える制度を創設すべきだと思います。

公私区分型・社会的公器型の経営のデメリットなど、ひとつもありません。株の分散や持株比率が心配なら、社員持株会でコントロールすればいいのです。

社員の持株制を取ることで、全社員が株主となり、社員たちは真に「この企業は自分たちの企業だ」と思えるようになるでしょう。

中には、社員の持株比率のほうが、社長の持株比率よりずっと高いような企業もあります。仮にそうであっても、社長が、社員をはじめとする5人（すべてのステークホルダー）の関係者から信頼されていれば、何ら問題はないはずです。

人事・給与体系は成果主義ではなく、どちらかといえば年功序列をベースとしている

▼この指標に○がつく企業の「強み」と、つかない企業の「弱み」

企業経営は、チーム戦・団体戦です。ところが、まるで個人戦のような経営をしている企業が、残念ながら多く見られます。そうした経営のひとつが、個人の業績をことさらに重視する成果主義です。個人の成果を過剰に重視する経営では、成果が十分上げられない社員は、次第に心身を病んでいくことになります。

仕事はチームでやるもの

市場主義社会の中では、企業経営は好むと好まざるとにかかわらず、程度の差こそあれ、他社との何らかの競争を余儀なくされます。

しかし、この競争の意味を十分に理解・認識せず、何でも競争だと考えて経営をしている企業が多すぎます。

私はよく企業間の競争を、スポーツに譬えて説明することがあります。

相撲、柔道、剣道、ボクシング、あるいは100メートル競走といったスポーツは、すべて個人戦です。一方、野球、サッカー、バレーボール、ラグビー、バスケットボール、あるいは400メートルリレーなどは、すべてチーム戦・団体戦です。

では、個人戦とチーム戦は、どこが決定的に違うのでしょうか。それは、結果の評価が全く異なるという点です。

個人戦であれば、一番強かった人、一番速かった人に金メダルが授与されます。そして残念ながらランクインしなかった選手には、メダルはありません。個人同士の戦いで、結果のすべては個人が負わなければならないからです。

しかしチーム戦・団体戦では、ナンバーワンになったチーム・団体には、全員に金メダルが授与されます。一度も試合に出なかった選手も、ほとんど貢献できなかった選手も、大失敗をした選手も同じメダルがもらえます。

これが、個人戦とチーム戦・団体戦との決定的な違いです。

チーム・団体は、個人の集合体ではありますがひとつのものであり、誰かひとりが欠けてもゲームは成り立ちません。だからこそ、レギュラーも応援するメンバーも、みんなが頑張ってナンバーワンになれれば、試合終了後は全員が参加して美酒に酔いしれ、逆に敗退した場合には全員が涙するのです。

○ or ×	採点表 社員とその家族に関する指標　○…1点　×…0点	点数
	1　過去5年以上、希望退職を募ったことはない	
	2　社員1人当たり、年平均の月間所定外労働時間は10時間以下であり、サービス残業もない	
	3　過去5年間平均の正社員の転職的離職率は2%以下である	
	4　正社員比率、または無期雇用社員が90%以上である	
	5　再雇用を含めた実質定年が70歳以上であり、70歳以上の社員も在籍している	
	6　社員に売上や生産のノルマを課したり、業績面での個人競争をさせていない	
	7　社員やその家族のメモリアルデイには、会社からバースデイケーキなどの物品をプレゼントしたり、メッセージカードを渡すなどしている	
	8　社員が就労継続困難になったり、死亡した場合、長期にわたってその家族を支援する制度がある	
	9　社員1人当たり教育訓練費は年間10万円以上、または年間売上高の1%以上であるか、教育訓練時間が年間所定内労働時間の5%以上である	
	10　快適な社員食堂やトイレ、社員が心身を休ませる場所、リフレッシュ施設などがある	
	11　女性の育児休業取得率も休業後の復帰率もほぼ100%であり、男性の取得者も10%程度以上いる	
	12　年次有給休暇の平均取得率は70%以上であり、時間単位の制度もある	
	13　過去5年間、死亡や重傷などの労働災害は1回も起こしていない	
	14　財務内容など主要な経営情報は、全社員に毎月公開し、理解を深めている	
	15　定期的に社員意識調査を実施している。あるいは、社長や部門長との個人面談を年2回以上実施している	
	16　新規学卒者の採用を定期的に行っているほか、常に価値ある人財を求めて行動している	
	17　社員や家族の生活実態に合わせた在宅勤務制やフレックスタイム制など、多様な働き方がある	
	18　社員の給料や賞与は業界の、または地域の平均以上である	
	19　経営者と血縁関係のない社員出身の役員がおり、社員持株制度もある	
	20　人事・給与体系は成果主義ではなく、どちらかといえば年功序列をベースとしている	
	合計	

18点以上　超優良　　12～15点　平均

16～17点　優良　　11点以下　改革・改善が急務

第2章

社外社員とその家族に関する指標

採点は116ページで行ってください。

指標 1	過去5年以上、一方的なコストダウンはしたことがない
指標 2	発注単価は一方的な指値ではなく、双方が十分に話し合って決められ、妥当である
指標 3	問題なく長く取引している受注企業に知らせず、他社から見積もりを取るようなことはしていない
指標 4	支払いはすべて現金決済である
指標 5	締め後の支払いは20日以内である
指標 6	過去10年以上、主たる取引先に倒産企業は1社もなく、廃業した企業も実質ゼロである
指標 7	発注会社の利益率と受注会社の利益率が2倍以上違わない
指標 8	発注者の仕事量不足を補うために、協力企業などに依頼していた仕事を内作化するようなことはしない
指標 9	内外作基準があり、経営理念の中に仕入先や協力会社がパートナー企業であることが明確に示されている
指標 10	特別な場合を除き、仕入先や協力企業が残業をせざるを得ないような無理な発注はしない
指標 11	発注者側のミスや、間違った指示で発生した問題を、協力会社に転嫁したことはない
指標 12	協力会社の貢献度100%の改善成果は、原則として100%協力企業のものである
指標 13	仕入先や協力企業に、日常的に、1日に何回も納品させるようなことはしない
指標 14	季節商品といえども、年間を通して安定発注に努めている
指標 15	仕入先や協力企業に、取引比率を過度に高めるような発注はあえてしない
指標 16	発注会社が仕入先や協力会社と一体となって経営革新の努力をした結果、予想以上の利益が出そうな場合には、仕入先や協力会社にも還元している
指標 17	経営トップまたは部門の責任者が、年1回以上、仕入先や協力会社を訪問し、日ごろの労をねぎらっている
指標 18	第三者に依頼し、無記名での「仕入先・協力企業満足度調査」を定期的に実施している
指標 19	仕入先や協力企業に瑕疵がないのに、納入された物品やサービスの値引きを要求するようなことはしない
指標 20	仕入先や協力企業が育つような発注を意識的にしている

●なぜ社外社員とその家族に関する指標が大事なのか

「会社の偏差値」をはかる指標では、「社外社員」という言葉を使います。この言葉は、経営用語にも経済用語にもありません。一般的には、仕入先、協力先、外注先と呼ぶことのほうが多く、広く取引先ということもあります。

なぜこの指標では、こうした取引先のことを社外社員と呼ぶのか。それは、取引先は、自社の社員とともにＣＳ（顧客満足）を支える、かけがえのない仲間だからです。

高い品質の製品とサービスを維持できるのは、発注元がていねいにお客の要望を伝え、仕入先や外注先がそれに応えて高い品質の製品を供給してくれるからです。発注企業と取引先は、一緒に顧客と社会を幸福にする同志でもあります。

取引先は、法的には別法人です。しかし、「外の人は家族ではない」「自分たちのことは自分たちの自己責任でやってくれ」と切り捨てるような考えでは、真のパートナーシップは生まれません。

別法人なので、独立性は尊重しなければなりません。ですから全く社員と同じ扱いはできないものの、社外の社員として責任をもつべきです。

社員と考えれば当然、その家族についても無関心ではいられません。あえて取引先の人を「社外社員」と呼ぶのはこういう理由からです。

●社外社員は頼れるパートナー

東日本大震災の時に、地域のライフラインを守り続けた食品スーパーがあります。

食品スーパーの社員の皆さんの、「地域のライフラインを守るのが、自分たちの使命と責任である」という理念は、本当に立派でした。

ただ、そのスーパーがいち早くお店を開き営業を継続できたのは、命がけで商品を供給し続けた取引先の存在があったからです。

価格だけで仕入先を選んでいたり、自社の都合で仕入値を値切るような取引をしている企業に、こういうパートナーはあらわれません。

季節商品を扱う業種の企業の場合、その年の気候によって売上が大きく変わりますが、あえて毎年一定の発注を続ける企業があります。気候変動によって外注先が大きな損害を被らないように、配慮しているのです。

また、外注先企業のボーナス支給日に合わせ、あえて賞与時期には支払いを早めるという、泣かせる配慮をする企業もあります。

このように社外社員と位置づけて報いてこそ、本当に頼れるパートナーを得ることができるのです。

指標 1

過去5年以上、一方的なコストダウンはしたことがない

▼この指標に○がつく企業の「強み」と、つかない企業の「弱み」

発注企業が受注企業に対してやってはいけないことは多々ありますが、そのひとつが、一方的で大幅なコストダウンです。そうした行為は、最終的には発注企業も困ることになるでしょう。嫌気がさした受注企業の撤退、廃業を多発させ、不可欠な受注企業が次第に離れていくからです。無理なコストダウンは、必ず別のコストとなって返ってきます。

コストダウンの大半は理不尽な押しつけ

ブランド企業や大企業などをはじめとする発注企業（親企業）は、仕入先や協力企業などの受注企業（下請企業）に対して、「仕事を出してやっている」という姿勢や態度を取ってはいけません。

受注企業は、自社内では、できない・やれない・やりたくない仕事を引き受けてくれている存在です。ですから発注企業は受注企業を、上下関係ではなく、横の関係であるパー

トナーとして評価し、位置づけなければなりません。受注企業が「ここまでやってくれるのか」「こんなことまで考えてくれているのか」と頭が下がるような思いにさせる愛情ある取引を、どの企業に対しても行うべきです。

経済環境の激変などによって、商品価格を大幅に下げなければ発注企業も受注企業も存亡の危機にさらされる——といった場合は、やむを得ないかもしれません。しかしそうしたケースは稀で、たいていの場合は発注企業の都合だけです。

よくあるのが、発注企業の戦略ミスです。「やるべきことをやらず、やってはいけないことをやった」ために業績が低下し、そのツケを協力企業に回してコストダウンを迫るケースです。

好・不況や円高・円安のたびに、あるいは自社の業績にほとんど関係なく、恒例の行事のようにコストダウンを強いる企業もあります。自社の利益率が高い時でもやめません。ひと昔前のように量産効果・量販効果があり、コスト構造から見てその余地が十分あるのならまだ許せます。ところが過去30年以上繰り返されてきたコストダウンで、改善の幅が年々縮小し、「乾いたタオルをさらに絞る」といった状況の下請企業があります。

ほとんど利益が出ていない企業、すでに赤字状態の企業に対するコストダウン要求は、私には「死ね」と言っているように聞こえます。

指標 2

発注単価は一方的な指値ではなく、双方が十分に話し合って決められ、妥当である

▼この指標に○がつく企業の「強み」と、つかない企業の「弱み」

取引単価が、まるで「狐とタヌキの化かし合い」のように決められるケースも多々あります。ひどい場合は、どうせ叩かれるからと、その分、上乗せして見積もりを出している受注企業も少なからずあります。不信・不満をベースにした取引関係でよい仕事ができるはずはなく、そこにかける手間の時間も全く不毛なものであることを知るべきです。

道理にはずれた商取引は身を亡ぼす

発注企業にとって、仕入先や協力企業に支払う外注費や仕入代金はコストそのものです。コストですから、発注企業にとっては低ければ低いほうがいい、という考えになります。

逆に受注企業は、高ければ高いほどいいという考えになります。このように、思惑が相反する価格を双方が納得できる形で決めるのは、簡単なことではありません。ですから、価格そのものや、その決め方・プロセスに不平・不満・不信感をもちながら取引をしてい

る企業が非常に多いのです。

見積もりとは名ばかりで、発注企業が指値で発注するケースもたくさんあります。「この値段でやってください」「その値段でできなければ他の企業に発注します」などという言動も時々耳にしますが、自分を何様と思っているのかと、あきれてしまいます。

こんな関係では、気持ちよく取引することなどできるわけがありません。発注企業が得するような価値ある改善提案など、出てくるはずもないでしょう。

また、発注企業の多くは、「当社は一方的ではなく、双方の話し合いで決めています」と言いますが、話し合いといっても、力関係があるので、実質は発注者優先の価格で決まるケースがほとんどです。

かつて、ある中小企業の経営者が、ある大手企業に依頼された見積書を持っていきました。すると担当者は見積書を見るなり、赤ペンを取り出して、その見積書に計上した利益の欄を削除し、「利益は計上するものではなく、内部努力で生みだすものなんじゃないですか？」と言ったそうです。

商品の価格は、顧客価値が決めます。発注企業と受注企業それぞれが積み上げ原価方式で価格を決めていては、売れる価格にはなりません。必要なのは、双方の努力です。受注企業だけが過度に犠牲になるなど、おかしな話だと言うしかありません。

指標 3

問題なく長く取引している受注企業に知らせず、他社から見積もりを取るようなことはしていない

▼この指標に○がつく企業の「強み」と、つかない企業の「弱み」

発注企業が価格改善が必要と考えた場合は、今の受注企業と協力し合って、改善の努力をしなければなりません。どう努力しても顧客が求める価格にすることがむずかしければ、受注企業にそのことを伝えて理解を得るか、顧客に努力の結果を伝えて納得してもらうよう努めるべきです。社外社員をおろそかにした価格改善では、長続きは望めません。

取引先とは「共に育つ」関係にある

新商品の生産の一部または全部を外注する場合は当然、その仕事ができそうな複数の企業から見積書を取ります。できるだけ良質で廉価な商品を顧客に提案したいからです。

しかし、より安い企業と取引するために、すでに長期にわたって発注している仕事の見積もりを、こっそり他社から取る企業が少なからずあります。

中には「世界一安い購買」とか「世界最適購買」などと、国内どころか世界中の企業に

図面や仕様書をばらまき、日常的に「もっと安く納品してくれる企業」を探しまくっているような企業もあります。

もっとひどいのは、他社から取り寄せた見積書を既存の受注企業に見せて、「この価格でやりたいという企業があるんですよ」とか、「ウチとしては今後とも、貴社にその仕事をお願いしたい。しかし、他社が提案してきたこの価格でやってくれないとむずかしい」などと、脅しのようなことを平気で言う企業です。

日常的にこうした対応をされて、気持ちよく取引することなどできるはずがありません。「今に見ていろ……」と、反発を招くに決まっています。

何年も順調に流れ、品質面でも納期面でもほとんど問題がない仕事や商品の見積もりを、既存の受注企業の知らないところで他社から取るという姿勢は、根本的に間違っていると思います。

私はよく「かつては中小企業であったことを忘れてしまった大企業は、ろくな大企業にならない」と言います。小さな企業だったころに経験した「嫌な思い」を忘れると、得てしてこういうことを、当然のようにしてしまうのです。

ちなみに「日本でいちばん大切にしたい会社大賞」受賞企業には、こんな理不尽なことをする企業は1社もありません。

指標 4

支払いはすべて現金決済である

▼この指標に○がつく企業の「強み」と、つかない企業の「弱み」

すべての仕入先や協力企業に対して、全額現金決済がむずかしいのであれば、せめて自社より規模の小さい企業への支払いや加工賃については、全額現金で支払うべきです。自社が取引先から手形でもらっていたとしても、現金で支払うのが正しい経営です。現金で決済する企業は、支払いはしんどくても、倒産しない経営ができます。

手形支払いは、実質値引きの強要である

仕入先や協力企業など、取引先への支払方法には3つあります。第1は全額現金払い、第2は現金と手形の併用払い、そして第3は全額手形払いです。

支払い金額がいくらであれ、すべて現金（振込）での支払いが、あるべき正しい形です。ただ金額が大きくなると全額現金という企業は少なくなり、ある金額以上は全額手形、あるいは手形と現金を併用するという企業が多くなります。

第2の現金・手形の併用決済とは、例えば現金支払いを30%とか50%にし、残りの70%とか50%を手形で支払うというものです。併用の場合の現金比率は、かつては30%から50%が圧倒的に多かったのですが、近年では70%前後が平均になっています。

10万円までとか100万円までは現金支払いで、それ以上は100%手形払い、という企業もありますが、これではとても併用払いとはいえません。

第3の全額手形は、言葉の通り金額のいかんを問わず全額手形の支払いです。現金と手形の併用もそうですが、全額手形という支払方法は、サイトが60日であれ90日であれ決してよい支払いではありません。

私に言わせれば手形は現金ではなく、一種の「値引証明書」だからです。資金繰りなどのために期日がくる前に現金化したら、その分だけ割引手数料を金融機関に支払わなければなりません。つまり、実質値引きになってしまうのです。

受注企業の立場で考えれば、金額や相手のいかんにかかわらず、支払いは全額現金にすべきでしょう。わが国の倒産の定義は、不渡手形を2回連続出し、銀行取引停止処分になった時です。つまり、手形を振り出さなければ、また手形を回さなければ、倒産という悪夢から解放されるのです。手形はまさに麻薬です。手形に頼る経営は、支払サイトの分、資金が不足している、背伸び経営であると自覚しなければなりません。

指標 5

締め後の支払いは20日以内である

▼この指標に○がつく企業の「強み」と、つかない企業の「弱み」

手集計が大半の時代ならともかく、決済の大半が電子化・IT化されている今日、締めから支払いまでの期間が25日、30日もかかるはずがありません。社内の決済システムの遅れという不利益を受注企業に押しつけ、それを既得権益と思っているようでは、システム改善によってそれ以上に得られるはずの利益を失い続けることになります。

楽したいだけの経営では機会損失に気づかない

下請代金支払遅延等防止法によれば、発注企業（親事業者）は、納品受領後、60日以内にその代金を支払うよう義務づけています。

発注企業の中には1週間に1回の納品という企業もありますが、大半は1日1回、中には1日何回も納品させる企業もあります。

ですから、「納品受領後、60日以内」という法律の意味は、日々納入の場合は、締め後

30日以内に支払うのが義務、ということになります。

この法律は、発注企業と受注企業を資本金規模で定めており、すべての取引に及ぶわけではありませんが、ぜんぶの企業に守ってほしい内容です。

しかし、わが国の現状を見ると、月末締め・翌月末払いとか、月末締め・翌月25日払いなど、締め後の支払日が30日とか25日という企業が圧倒的多数です。ちなみに中小企業庁などの調査では、近年の平均は25日前後となっています。

法律の無知などで、例えば月末締め・翌々月5日払いなど、30日を上回ってしまっている企業も少なからずあります。30日とか25日が日常化している理由を聞くと、「これまでの慣例だから」とか「変えるのが面倒だから」などと言う経営者がいます。しかし本音は、支払いを遅くすればするほど、自社の資金繰りが楽になると考えているからでしょう。逆に言えば、その分、受注企業・納品業者の資金繰りは厳しくなっているのです。

法律は、最低のルールを定めたものですから、1日も早く支払うのが、あるべき姿だと思います。

「日本でいちばん大切にしたい会社大賞」受賞企業の中には、ひと月の支払いが約50億円以上あるにもかかわらず、週払い、つまりひと月に4回支払っているところもあります。

こういう企業は、相手に利息収入をプレゼントしているのです。

指標 6

過去10年以上、主たる取引先に倒産企業は１社もなく、廃業した企業も実質ゼロである

▼この指標に○がつく企業の「強み」と、つかない企業の「弱み」

取引先が倒産・廃業して最も困るのは、発注企業自身です。協力企業、外注企業の技術とサービスがあってはじめて、発注企業の製品・サービスの品質が成り立っているのですから当然です。取引先を守らないのは、自分を守らないのと同じこと。社外社員を犠牲にし続けていると、結果的に残るのは、顧客の不信と荒廃し縮小した市場だけです。

廃業に追い込んでしまった責任を痛感しなければならない

経済センサス（２０１６年）によれば、日本の企業数は個人・法人を含めて３５９万社です。10年前が４２１万社、そして15年前が４７０万社でしたので、この10年間で62万社、15年間では１１１万社という大幅な減少となっています。毎年６万社から７万社が消滅しているということになります。

減少の最大の理由は、倒産ではありません。倒産件数は、かつては年間２万社をはるか

に超えるほど多かった時期もありましたが、近年では1万社を大きく下回っています。

ではなぜ企業数が減少してきたのでしょうか。その最大の理由は合併や廃業、特に廃業の増加で、近年の廃業動向をみると、年間約27万社もあります。開業も14万社程度ありますが、とても穴を埋めることはできません。

廃業多発の要因は、一般的には経営者の高齢化と後継者の不在などといわれていますが、私たちは、それは表面的・現象的理由と見ています。

なぜ後継者が不在かといえば、経営者が後継者を育てていないからです。さらに深く掘り下げれば、経営者が、さまざまな理由で、誰かに事業承継させようと考えないからです。つまり、別の道を歩ませたほうが、子供や社員は幸せになれると思っているのです。

後継者も、経営者の日常の言動を見ていて、そこに夢や希望が感じられないから、事業承継をためらいます。

ちなみに、廃業の多くは協力企業・外注企業・下請企業と呼ばれる中小企業です。このことを考えると、多くの経営者がなぜ事業承継させようとしないのか、その理由がわかります。つまり、発注企業、特に多くの大企業が協力企業、下請企業をパートナーとして大切にしてこなかったから、それらの企業は夢と希望を失って廃業の道を選ぶのです。

指標 7

発注企業の利益率と受注企業の利益率が2倍以上違わない

▼この指標に○がつく企業の「強み」と、つかない企業の「弱み」

中小企業の利益率の低さが工数、つまり作業時間が大企業の2倍かかってしまっているというのならやむを得ませんが、賃率（時間単価）の大きな違いの結果だとすれば、認められるものではありません。発注企業が、立場の強さを背景に受注企業の2倍もの利益を貪っていたら、優れた受注企業は、見切りをつけて去っていくでしょう。

利益の源泉を他社の犠牲に求めるのは卑怯な経営

法人企業統計（２０１７年度）を見ると、年度によりばらつきはあるものの、大企業の売上高対営業利益率は５％前後です。個別では、10％どころか20％をもはるかに超えている企業もあります。一方、中小企業は、業種や企業によるばらつきは大きいものの、平均では３％前後です。

また、国税庁の統計（２０１７年）で日本の企業の赤字企業（欠損法人）比率を見ると、かつてよりは低下していますが、それでも65％前後あります。特に赤字企業比率が高いのは資本金１０００万円以下の中小企業で、その比率は70％前後です。一方、大企業の赤字企業比率は約20％前後にすぎません。

つまり、大企業と比べると、中小企業の利益率はおよそ半分、赤字企業比率では３・５倍も高くなっています。こうした利益率や赤字企業比率の極端な違いの最大の要因は、人財力をはじめ、技術力・資金力・設備力・販売力・情報力、さらにはビジネスモデル力などの、大企業と中小企業との経営力格差です。

ただ、忘れてはならないもうひとつの大きな要因が、発注企業からの発注単価そのものや、その取引・支払条件です。

発注企業が受注企業に仕事を発注する時の単価が、受注企業側の利益率やコストを適正に見ていないこと、発注される仕事の大半が手間暇のかかる利益の出にくい仕事であることも、利益率の低さ、赤字企業比率の高さの要因になっているのです。

もちろん、価格競争をセールスポイントに、過当競争を行わざるを得ない中小企業自身の経営にも課題はあります。しかし、発注企業と受注企業という特殊な取引形態と、その取引形態があるからこそ発注企業、特に大企業の経営が成立しているという現実を考えれば、受注企業である中小企業にのみ問題をかぶせるのは大きな間違いといえるでしょう。

指標 8

発注者の仕事量不足を補うために、協力企業などに依頼していた仕事を内作化するようなことはしない

▼この指標に○がつく企業の「強み」と、つかない企業の「弱み」

日本では発注企業の多くが、受注企業を景気や生産量の調整弁として利用しているという実態があります。私はよく中小の受注企業に、「いい企業になりたければ、いい企業と取引すること」と言っていますが、発注企業と受注企業は、共に成長するパートナーであるという鉄則を忘れた企業に発展成長はありません。

発注企業は協力企業が感動するくらいの覚悟をもつ

好不況で、生産量や発注量は増減します。また、好不況に関係なく、開発した新商品がヒットしたり、ライバル企業がその市場から撤退したりすると、仕事量・発注量が一気に増加します。

逆に、発注企業の経営戦略、特に生産戦略や仕入れ・外注戦略の見直しによって、その仕事の生産量や発注量が激減したり、場合によってはなくなってしまうこともあります。

ですから、受注企業は常にそのことを覚悟して発注先を選定し、取引のウエイトなどに気を配っていなければなりません。

ここで大きな問題は、発注企業の生産量の減少率よりも、受注企業の生産量の減少率のほうがはるかに大幅である、というケースです。

なぜこんなことが発生するのか。それは、不況になると発注企業が自社内の仕事量を確保するため、それまで外に出していた仕事を内製化してしまうからです。

「社内の社員を遊ばせてまで、外に仕事を出すわけにはいかないから」というのが、発注企業の言い分です。

しかし、減少しているのは発注企業だけでなく、受注企業も同様です。内作化によって、発注企業の仕事量はわずかの減少率ですむ一方、受注企業の減少率は20%、30%どころか、ゼロになってしまったというケースを私はたくさん知っています。

こんなことをしていたら、たいていの受注企業は、社員をリストラせざるを得なくなってしまうでしょうし、最悪の場合は倒産・廃業です。

協力企業は景気の調整弁ではありません。生きた人間が働いている、パートナー企業です。「日本でいちばん大切にしたい会社大賞」受賞企業には、自社の仕事量を減らしてでも、受注企業の仕事量を確保しているところもあります。

指標 9

内外作基準があり、経営理念の中に仕入先や協力企業がパートナー企業であることが明確に示されている

▼この指標に○がつく企業の「強み」と、つかない企業の「弱み」

ＥＳ（社員満足）なくしてＣＳ（顧客満足）はなく、社員の幸福度や満足度によって企業の業績も大きく影響されることがわかってきました。私も、研究仲間と共同して「社員満足度調査シート」を設計開発、すでに数百社の調査をしていますが、社員満足の点数が高ければ高いほど、業績も安定的に良好であることが明らかになっています。

自分たちのできないこと、やれないことをやる人

かつては、株主や顧客を最重視し、そのことを経営理念とする企業が大多数でした。しかし近年では、顧客はそのままですが、社員の幸福や満足の重要性を経営理念として明文化している企業が増加傾向にあるようです。

ＥＳに対する関心は高まっているのですが、もうひとりの社員である仕入先や協力企業の社員の満足や幸福を常に意識して経営を実践している企業、そのことを経営理念や経営

方針の中に明確にうたっている企業は、いまだに少数派です。

これは仕入先や協力企業を、幸せにするべき「社外社員」であると認識していない結果です。仕入れ先や協力企業を、自社の「業績を高めるための手段」、つまりコストであると評価・位置づけているからです。

コストであると評価・位置づけている限り、仕入代金や外注費は高ければ高いほどいい、などという人は、ひとりもいないでしょう。

発注や購買の担当者も、いかに以前より安く仕入れたか、購入したかで評価されるために、多くの場合、行きすぎた、間違った努力をしてしまいます。

だから私は、仕入先や協力企業のことを「社外社員」と呼ぶことにしたのです。自社の社員ではないが、「自社では、できない・やれない・やりたくない仕事を担ってくれている社員である」ということを言いたいためでした。

そして、もうひとつ大事なことが、明確な「内外作基準」の存在です。

これは、「何を社内でやり、何を社外に依頼するか」の基本的な姿勢を示した基準です。あるべき基準は、「生産量基準」「景気基準」「価格基準」などではなく、「ロット基準」「技術基準」「設備基準」などだと思います。

指標10 特別な場合を除き、仕入先や協力企業が残業をせざるを得ないような無理な発注はしない

▼この指標に○がつく企業の「強み」と、つかない企業の「弱み」

無理な発注をしないためには、発注企業は適正在庫を持っていなければなりません。また、日常的に無理難題を言ってくる顧客には、「できない」とはっきりと伝えるべきでしょう。予期せぬことが発生した場合は、仕入先や協力企業に社員を派遣するなどして、一緒になって汗をかくべきです。仕入先や協力企業の協力なしに顧客満足はあり得ません。

不健全な利益を上げていないか

エンドユーザーの過度な要請によって販売企業が犠牲になっているようなケースがありますが、発注企業の取引姿勢の犠牲になっている仕入先や協力企業も多々あります。そのひとつが無理な発注、無理な納期の設定です。

例えば土曜日・日曜日の週休2日制の企業に、金曜日の夕方に発注し、納期は月曜日の午前中といったケースです。在庫で対応できるような品物であればともかく、在庫の数が少ないとか特注品だったりする場合は、そのために改めて加工が必要となり、受注企業の生産現場は残業せざるを得なくなります。

緊急事態が発生したり、突発的な事故等の場合は残業もやむを得ないでしょうが、発注者の都合等で残業を強いられるのは不条理です。にもかかわらず、頻繁にこうした発注をする企業が後を絶ちません。

最近では働き方改革関連法の関係で、これまでより残業規制が厳しくなってきたこともあり、オーバーフローした仕事を、仕入先や協力企業に依頼するケースも増えています。

受注企業も、発注企業への依存度が低ければ無理な発注を断ることもできますが、依存度の高い企業ではそうはいきません。発注企業が、そういう受注企業の弱みにつけ込み、無理を通して利益を上げていたら、必ず後でしっぺ返しを食らうことになるでしょう。受注企業の無理を前提とした利益計画では、受注企業から見放されたとたんに、大幅な赤字転落となってしまうからです。

仕入先や協力企業の側も、日常的に100%近い稼働を前提に仕事を抱え込むのではなく、常に遊び・余裕のある、いわば腹八分経営を心がけるべきです。そして、無理な発注や納期の設定が多い発注企業との取引は段階的に下げていき、将来は取引をやめることをめざすべきでしょう。

指標 11

発注者側のミスや、間違った指示で発生した問題を、協力企業に転嫁したことはない

▼この指標に〇がつく企業の「強み」と、つかない企業の「弱み」

商品の欠陥やトラブルで、顧客はもちろん、社会に多大な迷惑をかける企業が後を絶ちません。仕入先や協力企業に、そうした失敗の責任をなすりつけるようなことをする企業も少なからずあります。こういう無責任体質では、企業にとって大切な品質管理力、生産管理力がつくはずがありません。

保身しか考えていない発注者

一般的にブランド企業の場合、自社では設計と一部の部品の生産及び最終組み立てを行い、製品の大半の部品は仕入先や協力企業に依頼しています。また工場をもたないファブレス型の企業は、商品そのものを丸ごと外部に発注しています。

このため、その商品が市場に流通した後にトラブルが発生し、その原因が製品不良であった場合には、「製品製造者責任」（ＰＬ）とはいえ、どの企業のどの工程で発生した問題か

を明らかにするのが、むずかしいことがあります。

特にむずかしいのが、大手ブランドメーカーを頂点にした重層的な産業組織の場合です。トラブルの原因が原材料にあるのか、加工工程にあるのか、部品と部品を一体化する組立工程にあるのか、それとも物流時や保管時にあるのか、図面そのものにあるのかを明確にするのは至難のことです。

ただこうした場合は、市販品だと別の面もありますが、一般的には最終責任者のブランド企業が対処すべきでしょう。ところが、その責任の全部あるいは一部を仕入先や協力企業に転嫁し、自社の保身をはかるような企業が少なからずあります。

仕入先や協力企業が明らかに仕様書通り、図面通りに加工せず、納品された部品等に決定的な瑕疵があればともかく、そうとは思えないようなケースもよく耳にします。

先だっても、ある中小企業の経営者から「発注企業から貸与された図面通り、仕様書通りに製作して、問題なく受領されたのです。それなのに、その商品が数カ月後リコールされると、『貴社の加工した部品に問題があったから』と言われました。そして、その損害賠償として、○○億円を請求されて……」という話を聞きました。

その賠償金額は、それまでの受注金額の10倍だったそうです。もちろん、こんな話が通るわけはありません。

協力企業の貢献度が100％の改善成果は、原則として100％協力企業のものである

▼この指標に○がつく企業の「強み」と、つかない企業の「弱み」

顧客にとって価値ある商品づくりは、発注企業と受注企業が協力して行うのが当然です。商品価値を高める活動の一環が「ＶＡ」（価値分析）や「ＶＥ」（価値工学）ですが、双方が共同して行う「共同ＶＡ」とか「共同ＶＥ」などと呼ばれる、原価低減や品質向上のための取り組みもあります。実力のある協力企業とパートナーを組めるかどうかが、企業の死命を制します。

あきれ果てた「強欲すぎる企業」

図面化された商品を大幅にコストダウンしようとすると、原図が邪魔になることがあります。一方、図面化される前、つまり構想や開発の段階で双方が知恵を出し合えば、大胆な発想も生まれ、大幅なコスト改善の可能性が高まります。だから共同VA・VEが必要なのです。問題は、生み出された改善成果の帰属先です。

発注者と受注者が共同して品質向上や原価低減などを行う「共同ＶＡ」「共同ＶＥ」であれば、割合はともかく、その成果は当然、双方に帰属することになります。

一方、発注企業からのアドバイスなどいっさいない中で、仕入先や協力企業が独自に実現した成果もあります。この場合は、改善成果は仕入先や協力企業に１００％帰属するはずです。

ところが、１００％仕入先や協力企業の苦労と努力の成果であるのに、その改善提案を受けた発注者の態度は企業によってばらばらで、こんなにも違うのかと、愕然とすることがあります。

受注企業から改善の報告を受けると、「では、来期からは改善した価格で納品してください」とか、ひどい場合は「次回の納品からはその価格で」などと言う企業もあります。また、「今期はすで依頼してある価格でいいですが、来期からはその成果を50％ずつ分け合いましょう」という厚かましい企業もあります。

「貴社の苦労と努力がもたらした改善価値ですから、貴社に永遠に１００％帰属するのは当然です」という企業はめったにありません。仕入先や協力企業の１００％の成果が横取りされるようなことがまかり通れば、改善すればするほど、逆に自分の首を絞めることとなります。それでは、まともな改善をする協力企業はなくなってしまうでしょう。

指標 13

仕入先や協力企業に、日常的に、1日に何回も納品させるようなことはしない

▼この指標に○がつく企業の「強み」と、つかない企業の「弱み」

本来、発注企業が負うべき在庫負担を、受注企業、協力企業が負わされていることがあります。また発注者が倉庫などを保有していれば1日1回の納品ですむのですが、「無倉庫」「無在庫」経営を行っているため、1日何回も納品しなくてはならないケースもあります。

こうした誰かの犠牲の上に成り立つ取引が、正しいはずはありません。

誰かに無理をさせる経営の罪

仕入先や協力企業に依頼した商品や製品を、1日に何回も納品させる企業があります。

時間とともに鮮度や美味しさが劣化してしまう食品などの商品は、顧客満足度を高めるために、「午前1回・午後1回の納品」は仕方ないのかもしれません。

販売数量が予定していた数量をはるかに上回り、在庫切れとなったため急遽納品しなければならないという場合も、やむを得ないでしょう。

しかし工業製品の場合は、こうしたケースとは異なります。工業製品の生産量が、前日の2倍も3倍も増加することなど、あり得ないからです。

ところが、例えば自動車産業の納品は、1日数回に及びます。このため仕入先や協力企業は、大型あるいは中型で納品すれば1日1回ですむものを、わざわざ小型トラックで1日数回納品しているのです。

しかも大半が「○時に納品」という、時間指定納入です。こうした取引が行われているのは、発注企業、特に大企業が、在庫を全くといってよいほどもたないせいです。倉庫をもてば当然、その建設コストや維持コストがかかりますし、在庫をもてば在庫品が価値の減耗にならないためのコストがかかるからです。

しかし世の中、何が起こるかはわかりません。予期せぬ交通事故や交通渋滞が発生することもあるし、自然災害等で交通が遮断されてしまうこともあります。そうしたことがあった場合は当然、発注企業の生産ラインは在庫がないのでストップしてしまいます。「無倉庫」「無在庫」は、一見、合理的な経営に見えます。しかし現実は、誰かが倉庫や在庫を抱えているのです。

その大半は、仕入先や協力企業です。近年の、物流企業のドライバー不足や交通渋滞なども、こうした小口で頻繁な納品を求める取引に原因の一部があるといえるでしょう。

指標 14

季節商品といえども、年間を通して安定発注に努めている

▼この指標に○がつく企業の「強み」と、つかない企業の「弱み」

シーズン商品の集中生産は、閑散期の2倍から3倍の生産が毎日続きますから、発注企業も受注企業も大変です。これでは受注企業が大変だと考え、季節限定の商品を年間で毎月平準生産できるように発注している企業が少なからずあります。こうした発注をしてくれれば、受注企業は本当に助かります。そして安心して事業を続けようと思います。

感動的な信念の発注企業

季節性のある商品があります。夏しか売れない商品とか、逆に冬しか売れない商品などです。

こうした商品は、売れるシーズンの少し前に集中的に生産することによって生産効率を高めるとともに、なるべく在庫をもたないようにするのが一般的です。

繁忙期と閑散期の差が極端で、しかもシーズン近くにならないと、その年の気象や流行

などの見通しもむずかしいので、こうした商品を生産する企業は大変です。

ちょうど逆のシーズンに売れる商品があれば、夏冬交互に生産体制を組めますが、世の中、そんなにうまい話はありません。

そういう企業を助けようと考えたのが、冒頭で紹介した発注企業です。同社は3月〜5月にしか売れない商品を生産・販売している企業ですが、協力企業には毎月同じ量を発注し、納品も毎月受け付け、その代金も毎月支払っています。

季節商品は閑散期にはまったく動かないので、「売れたら払う」と、半年後に支払うような企業もありますが、そうした企業とは大違いです。

「日本でいちばん大切にしたい会社大賞」受賞企業に、真冬しか売れない商品を生産販売している企業がありますが、同社は真夏でも生産量・発注量が同じです。真夏に訪問した折、工場内は在庫の山でした。それどころか、工場に入りきらない商品は周辺の倉庫に山積みされていました。

私が「必要な時に、必要なだけ納品させるような取引をなぜしないのですか。今年の冬は暖冬かもしれない。在庫が『資産』ではなく『死産』となってしまいます」と聞いたことがあります。社長は、「そんな取引をしたら、仕入先や協力企業はやっていけません。生きる時だけ一緒ではなく、死ぬ時も一緒ですから」と笑いながら話してくれました。

仕入先や協力企業に、取引比率を過度に高めるような発注はあえてしない

▼この指標に○がつく企業の「強み」と、つかない企業の「弱み」

仕入先や協力企業であっても、ある特定の企業や商品に過度な依存をするような経営は避けるべきです。受発注企業、両者の関係性にもよるので一概にはいえませんが、取引比率は20％程度以下、できれば10％程度以下が望ましいでしょう。過度の依存を避けることで、万が一の場合にも、社員とその家族の命と生活を守ることができます。

リスク分散は経営の基本

発注企業は自社の都合ではなく、相手の都合も十分考慮した取引姿勢が重要です。

仕入先や協力企業は、発注企業の従属物ではなく独立企業です。資本的結合の強い子会社であればともかく、支配・被支配の関係にはありません。縦ではなく、それぞれ独立したパートナーとしての横の関係です。

その意味では、発注企業も受注企業も、双方が取引において過度に依存しない関係性が大切です。

とはいえ発注企業は、さまざまな理由で、現状でも依存度の高い仕入先や協力企業に、さらに依存度を高めてしまうような発注をするケースが多く見られます。

かつて私は、ある受注企業から相談を受けたことがあります。「現在依存度が60％ある企業から、より多くの仕事の依頼があります。それを受けると、当社の相手先への依存度は80％になります。依頼に応えるためには、新たに数千万円の機械設備の導入が必要です。受注すべきかどうか……」といった内容でした。

その折、私は次のようにアドバイスしました。「その仕事は、そのために新設する機械設備の償却が終わるまで続くかどうかを聞いてみてください。続くということであれば、そのことを記載した契約書の締結を求めたほうがいいですよ」と。

もっとも、そんな契約をしてくれる発注企業はまずないでしょう。発注企業にとっては自分で自分の首を絞めかねない契約だからです。

時代は世界的な競争の激化やイノベーションの進行もあり、ますます不安定かつ不確実な経営が余儀なくされてきています。受注している仕事が何らかの原因で半減、あるいは皆無になってしまうことも十分にあり得ます。

特定の1社に頼った経営では、そのあおりを受けて倒産しかねません。

指標16

発注企業が仕入先や協力企業と一体となって経営革新の努力をした結果、予想以上の利益が出そうな場合には、仕入先や協力企業にも還元している

▼この指標に○がつく企業の「強み」と、つかない企業の「弱み」

「仕入先や協力企業への利益還元」と言うと、自社の社員にその分を払ったほうがいい、と思う人がいるかもしれません。しかしそうした考え方では、仕入先や協力企業の信頼を得ることはできません。利益還元された仕入先や協力企業は必ず感動・感激してくれるし、何かあった場合には、何とかして協力しようと考えてくれるでしょう。

「社外社員」であることを再認識しよう

想定以上に業績がよかった場合、社員に夏・冬の賞与とは別に、決算賞与という臨時ボーナスを出す企業は多いと思います。

もちろん支給しない企業もたくさんありますが、社員の苦労と努力で想定以上の業績が実現したのですから、その一部を社員に還元するのは当然と思います。

この決算賞与は、通常のボーナスとはわけが違うので、全社員同額でいいでしょう。

ただこの決算賞与を、社員だけでなく、社外社員である仕入先や協力企業にまで支給する（利益還元する）企業は、あまりありません。

一般的には、仕入先や協力企業はコストと位置づけされているからです。あくまでも外の企業であり、外部にまで還元する必要はないと考える人がほとんどだからです。

しかし私に言わせれば、その期の好業績は、発注者が「できない・やれない・やりたくない仕事」を担ってくれる人たち（仕入先、協力企業）がいてくれてこその結果です。そうであれば、社外社員である協力企業に予想外の利益の一部を還元しても、おかしなことは何もありません。

「日本でいちばん大切にしたい会社大賞」受賞企業の多くは、こうした場合、さまざまな方法で仕入先や協力企業にご恩返しをしています。

A社は、社員と同様、一定の割合を仕入先や協力企業に特別手当として還元しています。また別のB社では、社員旅行や親睦会行事に、仕入先や協力企業の関係者を無償招待しています。

それらのことを長く続けているA社とB社の仕入先や協力企業の社員たちは、何かあれば、自分ごとのように飛んできてくれるそうです。

指標17

経営トップまたは部門の責任者が、年1回以上、仕入先や協力企業を訪問し、日ごろの労をねぎらっている

▼この指標に○がつく企業の「強み」と、つかない企業の「弱み」

ある企業のエンドユーザーから送られてくるサンキューレターには、仕入先や協力企業に関係しているものがいろいろあります。その企業はそれらをすべて、該当企業に転送しています。それを見た仕入先や協力企業の社員たちは、「自分たちがつくった商品が、こんなにも喜ばれているのか」「もっと頑張らねば……」と思ってくれるそうです。

感謝を惜しまない経営

繰り返しますが、発注企業が「できない・やれない・やりたくない」仕事を引き受けてくれている仕入先や協力企業は、重要な存在です。

特にモノづくり企業は、一部の部品の生産と最終組立のみを社内で行い、他の多くの部品の生産は仕入先や協力企業に依頼しています。仕入先や協力企業の存在なくしては、何

ひとつ製品を完成させることができないのです。

これは建設業でも同様で、大手ゼネコンやサブゼネコンは全体の設計や施工管理等が中心で、実際の建設工事の大半は、下請企業・協力企業が行っています。

流通業で近年盛んなＰＢとかＳＢと呼ばれる自社ブランドの商品づくりも同じで、ほとんどすべて、仕入先や協力企業が生産しています。

ただ、これらは生産段階の取引なので、一般消費者には見えません。そのため、仕入先や協力企業の苦労や努力がエンドユーザーから称賛されるようなケースはほとんどありません。評価されるのは常にブランド企業だけです。

このことを踏まえると、発注企業は、エンドユーザーに代わって、仕入先や協力企業の労をねぎらうような言動をすべきだと思います。

1年に1回は必ず、トップや部門の責任者が、主要な協力企業のところへお礼に訪問している企業もあります。もちろん菓子折り持参です。

こうした努力をしているのは、日本の企業ばかりではありません。

私が執筆した『日本でいちばん大切にしたい会社』の中国語翻訳版をきっかけに親しくなった台湾の巨大企業は、1年に1回、仕入先や協力企業の責任者を一流ホテルに招待して夕食会を開催し、その年の労をねぎらっています。

指標18

第三者に依頼し、無記名での「仕入先・協力企業満足度調査」を定期的に実施している

▼この指標に○がつく企業の「強み」と、つかない企業の「弱み」

これからの時代、仕入先や協力企業の存在は極めて重要になっていくと思われます。タイムリーな供給力、動員力やスピードがますます重視され、自社のもつ資源だけでは限界があるからです。価値ある仕入先や協力企業の存在とその優劣が、発注企業の優劣をも決する時代、優れた仕入先・協力企業からの信頼を得ることは必須条件です。

相手にとってわが社はパートナーにふさわしいか

「顧客満足度調査」や「社員満足度調査」を実施している企業は増えてきましたが、「仕入先・協力企業満足度調査」を実施している企業は、まだあまりありません。

「仕入先・協力企業満足度調査」は、仕入先や協力企業に、発注企業の取引姿勢や取引支払条件等について、感想・意見を求める書面による調査です。

近年、大手ブランド企業間の格差も拡大傾向にありますが、その大きな要因のひとつが、

仕入先や協力企業の格差にあるといっても過言ではありません。仕入先や協力企業が発注者の屋台骨を支えていることは紛れもない事実でありながら、この調査はこれまでほとんど実施されてはきませんでした。

その大きな理由は、社内の評価です。営業や販売、生産部門などの場合は、金額が上がれば上がるほどいい、という評価基準です。しかし仕入部や購買部、資材部などの部門の評価は、いかに前期より安く仕入れたか、安く購入したかが評価の基準です。

ですから担当者は、過度な競争見積もりを実施したり、一方的なコストダウンに走ります。挙句の果てには、決まった単価のさらなる値引要請などもしてしまいます。

そんなことが日常的に行われて、気持ちよく取引している仕入先や協力企業があるはずがありません。逆に、反発心を抱いてしまうと思います。

とはいえ、経営者や担当者が、仕入先や協力企業に要望・意見を直接聞いたところで、耳障りな話はまず出てこないでしょう。仕事を干されてしまったら大変です。ですから、無記名の書面による調査を実施したほうがいいのです。

加えて言えば、この調査は外部の調査企業・コンサルタント企業などに依頼して、より客観的な資料として作成し、今後の経営に生かしたほうがいいでしょう。

指標19

仕入先や協力企業に瑕疵がないのに、納入された物品やサービスの値引きを要求するようなことはしない

▼この指標に○がつく企業の「強み」と、つかない企業の「弱み」

「日本でいちばん大切にしたい会社大賞」受賞企業には、値引要請をしないのはもちろんのこと、見積書段階で、業界平均より1割程度高い単価で発注している企業もあります。どんな商品でも相見積もりは取らず、仕入先や協力企業の請求書のみ。こうした愛情あふれる発注に仕入先・協力企業は感動・感激し、取引額以上に貢献してくれます。

不当な値引きは必ず自分にはね返ってくる

発注企業の中には、見積もりを出して、すでに決定した単価に基づいて請求書を提出すると、業績低下や為替レートの変動などを理由に、請求金額の値引きを要請するところがあります。ひどい話です。

見積もり段階、あるいは仕事に着手する前であれば相談の余地があるかもしれませんが、すでに仕事が完了し、何ら問題のなかった商品に対しての値引要請なのです。

仕入先や協力企業としては、「それは無理です」と言いたいのはやまやまですが、力関係もあり、そうした要求を飲まざるを得ないケースがたくさんあります。飲まなければ、協力的ではないと思われ、後々の取引に影響が出ることを恐れるからです。

仕入先や協力企業は、その仕事の請求金額で資金繰りを立てているところもあるでしょう。その面でも、影響は多大です。

また、そこまではなくても、中には請求書の端数をカットしてくれという発注企業もあります。

108万5400円の請求金額であれば、5400円、ひどい場合には、8万5400円をカットして、100万円にしてくれと言うのです。もともと、ぎりぎりの単価で設定し見積書を出している企業が多いので、こんなことをされたら、まるで納品した商品の上に祝儀を載せて納めているようなものです。

発注企業が厳しい競争に勝ち抜いていくためには、仕入先や協力企業の支えがなければなりません。であるのに、こうした下請けいじめのようなことを繰り返していたら、多くの仕入先や協力企業は反発し、いずれ離れていってしまうでしょう。

仕入先や協力企業を搾取した不当な利益は一過性のもので、決して長続きしません。仕入先や協力企業の搾取は、農家が種籾を食べてしまうようなものなのです。

仕入先や協力企業が育つような発注を意識的にしている

▼この指標に○がつく企業の「強み」と、つかない企業の「弱み」

近年、日本の発注企業が最も期待している仕入先や協力企業のタイプは、設計開発力のある提案型の会社です。このタイプの企業は、発注企業とともに成長した結果生まれるのであって、突然現れるのではありません。大事なのは協力企業に、「あの企業と取引をすると、厳しいが成長する」「決して裏切られない」と思われることです。

お互いに助け合って高め合う

生産取引は、それぞれ独立した企業とはいえ、極めて相互の関係性が強い取引です。このため、発注企業の取引姿勢や取引方法などによって、仕入先や協力企業の経営も大きく変わります。

ですから、取引内容が3年前あるいは5年前と比べてどう変わったかを見ても、その企業が真に仕入先や協力企業を大切にし、育成するような取引をしているかどうかが、おおよそわかります。

例えば、いつの時代も発注企業に不足しているのは設計開発力です。業界全体として、設計開発要員は常に不足しているからです。

そのため、図面を貸与されなければ生産ができない、といったタイプの仕入先や協力企業は、右肩上がりの時代、つまり猫の手も借りたいほど供給不足の時代ならともかく、今の時代はそれほど必要とはされません。このグローバル社会・ボーダレスの世界においては、国内の仕入先や協力企業よりもはるかに低い単価で受注する企業が、世界中にごろごろ存在しています。

こうした状況の中で、設計開発力をもった仕入先や協力企業を確保するには、発注企業自身が、そうした企業が育つような取引を行うことが必要不可欠になってきます。

設計開発力のレベルアップを促進するような情報提供をふんだんに行ったり、貸与図型取引から承認図型取引へ順次移行するなど、やり方は、いろいろあると思います。

仕入先や協力企業を育てる取引によって、発注企業と協力企業がともに高付加価値経営を実現することが可能になるのです。

こうしたことは単品加工取引から複合加工取引、さらには部品生産取引、OEM取引といった、加工度の高度化を促進する取引においても同様です。

○ or ×	採点表 社外社員とその家族に関する指標 ○…1点 ×…0点	点数
	1 過去５年以上、一方的なコストダウンはしたことがない	
	2 発注単価は一方的な指値ではなく、双方が十分に話し合って決められ、妥当である	
	3 問題なく長く取引している受注企業に知らせず、他社から見積もりを取るようなことはしていない	
	4 支払いはすべて現金決済である	
	5 締め後の支払いは20日以内である	
	6 過去10年以上、主たる取引先に倒産企業は１社もなく、廃業した企業も実質ゼロである	
	7 発注会社の利益率と受注会社の利益率が２倍以上違わない	
	8 発注者の仕事量不足を補うために、協力企業などに依頼していた仕事を内作化するようなことはしない	
	9 内外作基準があり、経営理念の中に仕入先や協力会社がパートナー企業であることが明確に示されている	
	10 特別な場合を除き、仕入先や協力企業が残業をせざるを得ないような無理な発注はしない	
	11 発注者側のミスや、間違った指示で発生した問題を、協力会社に転嫁したことはない	
	12 協力会社の貢献度100%の改善成果は、原則として100%協力企業のものである	
	13 仕入先や協力企業に、日常的に、１日に何回も納品させるようなことはしない	
	14 季節商品といえども、年間を通して安定発注に努めている	
	15 仕入先や協力企業に、取引比率を過度に高めるような発注はあえてしない	
	16 発注会社が仕入先や協力会社と一体となって経営革新の努力をした結果、予想以上の利益が出そうな場合には、仕入先や協力会社にも還元している	
	17 経営トップまたは部門の責任者が、年１回以上、仕入先や協力会社を訪問し、日ごろの労をねぎらっている	
	18 第三者に依頼し、無記名での「仕入先・協力企業満足度調査」を定期的に実施している	
	19 仕入先や協力企業に瑕疵がないのに、納入された物品やサービスの値引きを要求するようなことはしない	
	20 仕入先や協力企業が育つような発注を意識的にしている	
	合計	

18点以上	超優良	12～15点	平均
16～17点	優良	11点以下	改革・改善が急務

第3章

現在顧客と未来顧客に関する指標

指標 1	リピート率は70%以上である
指標 2	新規顧客の80%以上は口コミ客・紹介客である。または、営業担当社員は全社員の５%程度以下である
指標 3	組織図は、顧客や社員が最上位の逆ピラミッド図である
指標 4	過去３年間平均の納期順守率は99%以上である
指標 5	トイレの使用や休憩を求める未来顧客にも親切ていねいな対応をしている
指標 6	顧客からの苦情や要望意見を日常的に吸い上げる仕組みがあり、機能している
指標 7	顧客を感動、驚嘆・驚愕させる独自の仕掛け・サービスが３つ以上ある
指標 8	顧客や来客の情報は、全社員が共有している
指標 9	過去３年間の商品に対する年間平均クレーム率は１%以下であり、１時間以内に社長または部門の責任者に伝わり対処している
指標 10	毎年または隔年、書面による「顧客満足度調査」を実施している
指標 11	必要とされる人員の１.２倍以上の配員や、現場への権限委譲を行うなどして、顧客満足度を高めている
指標 12	顧客の足元を見るような値決めはせず、常に顧客に適正価格を提示している
指標 13	１年にひとつ以上、新しい価値を市場に創造提案している
指標 14	顧客データベースがあり、それが機能している
指標 15	商圏が同業他社と比べて格段に広い。または、値引きを要請する顧客がほとんどいない
指標 16	会社や担当者ではなく、常に顧客の都合を最優先している
指標 17	必要以上に高い商品は、たとえ顧客が求めたとしてもつくらない、売らない
指標 18	英語版などの外国語のホームページがある。または１週間に１回以上は、ホームページを部分的にでも更新している
指標 19	売上高対宣伝広告費比率は同業他社と比べて極端に低く、特売日などもほとんどない
指標 20	顧客からのサンキューレターが、同業他社と比べてかなり多い

採点は160ページで行ってください。

●なぜ現在顧客と未来顧客に関する指標が大事なのか

企業の盛衰を決定づけるのは、いつの時代も顧客です。現在、自社の製品・サービスを利活用している顧客（現在顧客）と、将来、利活用してくれるかもしれない顧客（未来顧客）です。

過去に利活用してくれていたものの離れてしまっている顧客も、やがて戻ってきてくれるかもしれない未来顧客です。

企業が顧客から支持されるためには、顧客が必要とする価値をタイムリーに創造し、提案し続けなければなりません。

それが成長・発展し続ける企業の姿です。

そのためには現在顧客の満足をとことん追求し、さらに未来顧客の要求にも応えられるまでに価値を積み上げていく必要があります。

これが企業努力です。

顧客が求めるものは時代とともに変化していきますが、究極の顧客満足は、顧客の感動にあります。顧客の感動は、製品の性能や斬新なサービスだけで生み出すことはできません。顧客は、製品・サービスの質に加え、そこに働く社員の言動、そして企業の姿勢に感動するのです。

●顧客を感動させられるのは現場の社員だけ

あるスーパーでは、両手に買い物袋を提げて店を出ようとしているお年寄りがいたら、必ずタクシー乗り場まで、あるいはバス停まで送って行って、安全に車に乗るまでサポートしています。

どんなに忙しい時間でも、見て見ぬふりをする社員はひとりもいません。

顧客が満足を超えて感動を覚えるのは、直に接している現場の社員に対してです。ですから、社員満足なしに顧客満足はあり得ないのです。

社員満足と顧客満足は川の上流と下流の関係であり、上流が濁っていて下流の水が澄むことはありません。両者は一体なのです。

だからこそ、人を大切にする経営を追求しなければ、企業は成長・発展しないのです。

長野県にあるタクシー会社では、社に届いたサンキューレターは掲示板に張り出されます。その中に「残り少ない人生に、幸せをくれてありがとう」と書かれたハガキがありました。

ハガキの差出人は90歳を過ぎたひとり暮らしのおばあさんで、病院や買い物の時は必ず、同社のタクシーを利用してくれていました。

社員が生んだ顧客の感動は、社員の感動となって再び戻ってきます。

指標 1

リピート率は70％以上である

▼この指標に〇がつく企業の「強み」と、つかない企業の「弱み」

新規顧客もリピート客も、どちらも大切な顧客です。ただ経営学的にいえば、新規顧客がリピート客になる、つまりリピート率を高めることに重点を置いた経営が望ましいでしょう。新規顧客を確保するための経費は、既存リピート客の5倍もかかるといわれており、リピート客と比べて費用対効果が極めて低いからです。

リピート率は顧客からの通信簿

顧客には新規顧客とリピート客があります。新規顧客とは、その企業ではじめて購入してくれた顧客であり、リピート客とは同じ企業で購入するのが2回目とか3回目、あるいはそれ以上の顧客です。

一般的に、はじめて購入してくれた顧客のうち、再び購入してくれる人が多ければ多いほど、顧客満足度が高いということになります。

重要なのは、新規顧客が少しずつ増加し、またそのリピート率も年々高まっていく経営をすることです。

大半の顧客が新規顧客で、しかも1回きりの購入でしかないということは、その企業が製造・販売する商品や提供されるサービスに、ほとんどの人が満足していないことの証です。多くの顧客が、来るか来ないかわからない「たまたま客」ばかりだと、不安定極まりない経営となってしまいます。

リピート率は、業種や販売方法等によって大きく異なります。例えばEC小売業界の平均は、商品によっても大きく違いますが、平均すると、25%から40%といわれています。また通信販売では10%前後です。

リアル店舗、例えば飲食店では20%前後、美容室では30%前後ですが、率直に言ってこれでは低すぎるでしょう。はじめて来店してくれた顧客に心をつくし、その日はもちろんのこと、その後も価値あるサービスを提供し続ければ、リピート率は50%以上にはなると思います。

最も肝心なのは、リピート率は、何より経営の姿勢で大きな差が生まれるということです。リピート率の高い企業の顧客は、単なる客というより、まるでファン、サポーターのような存在になってくるからです。

指標 2

新規顧客の80%以上は口コミ客・紹介客である。または、営業担当社員は全社員の5%程度以下である

▼この指標に〇がつく企業の「強み」と、つかない企業の「弱み」

その企業が製造・販売する商品や提供するサービスを利活用し、感動を超えて驚嘆するようなレベルを体験した顧客は、その企業やお店を、「自分が見つけた自慢の企業・お店」として仲間や友人に話します。こうした紹介や口コミは、広告宣伝費がかかりません。しかもそのほうが、顧客は信頼・信用して購入してくれるのです。

顧客が最高の営業パーソン

新規顧客がメールなどで注文したり、店に来て買い物をするきっかけはさまざまです。新聞やテレビ、インターネットなどの広告宣伝を見た、街を歩いていたら看板を見た、親しい友人・知人から紹介された等々、いろいろです。

これらの中で、企業にとって最も広告宣伝費がかからず、購入の可能性が高いのが、親しい友人・知人からの紹介やうわさを聞いたなど、人から人へという情報伝達、つまり口

コミです。

テレビや新聞などでの広告宣伝や新聞への折り込みチラシなどは、もちろん商品やタイミングなどにもよりますが、人の紹介や口コミなどと比べれば、その費用対効果は大きく劣ります。

近年、こうした顧客の口コミは、ラインやツイッター、フェイスブック、ブログなどのSNSを通じて、日本中どころか世界中にその情報が発信されます。

あっという間に、情報が世界中に拡散されていくのです。私はよく「最高の営業は、実は営業をしない営業である」と言いますが、まさにこのことです。

ちなみに「日本でいちばん大切にしたい会社大賞」受賞企業の大半では、新規顧客の多くがこうした友人・知人からの紹介や口コミで発信された情報に触れた人で、その比率は少なくとも50％前後、中には90％以上という企業もざらにあります。

一方、広告宣伝費は、同業他社と比較して極めて少ないという特長があります。

私のよく知るある和風旅館は、この時代にホームページもありません。しかし、この旅館は知る人ぞ知る旅館として人気で、予約が常に1年以上先まで入っています。

この和風旅館に宿泊し感動した人々が、SNSでどんどんその情報を発信し、驚くようなサービスの体験を拡散しているからです。

指標 3

組織図は、顧客や社員が最上位の逆ピラミッド図である

▼この指標に○がつく企業の「強み」と、つかない企業の「弱み」

企業の存在価値は、顧客が決定します。日常的に顧客に接しているのは、圧倒的多数の社員です。このことから考えれば、社員を最上位に位置づけた組織図が、あるべき組織図であるといえるでしょう。加えて言えば、こうした組織図にすることで、社長は何をすべきか、部課長は何をなすべきか、社員は誰のために働くべきかが一目瞭然となります。

組織図は支援・育成責任の見える化

大半の企業の組織図は、最上位に会長や社長、その下に専務、常務、部長、課長・係長などと続き、最下位に社員となっています。会長や社長はひとりですが、順次人数が増加し、最も多いのが一般社員です。ですから組織図はピラミッド型になります。

こうした組織図は企業だけでなく、行政や教育機関、病院組織などでも同様です。

ピラミッド型の組織図の下では、本人がそう思っていなくても、社員は上司である係長

や課長・部長を支え、部長は経営者などの役員を支えるような立場になってしまいます。また組織の意思決定も、上意下達型になります。

また上司は、役割が違うだけなのに、自分は偉い人と勘違いしてしまいます。自分の使命・役割を「自分より下の立場の者を指示・管理することだ」と錯覚するのです。

さらに言えば、ピラミッド型組織図では、そうは書かれていなくても、顧客が一番下の社員の、そのまた下に位置づけられることになります。顧客に日常的に接触しているのは、圧倒的多数の社員だからです。

これではまるで、顧客のために企業が存在するのではなく、企業のために顧客が存在することになってしまいます。

このように、ピラミッド型の組織図にはマイナス面が多いのですが、大企業・中小企業を問わず、未だ99%の企業はピラミッド型の組織図になっています。

時々、横の組織図やユニークなジグソーパズル型の組織図にもお目にかかることがありますが、大半は軍事組織が原点であるピラミッド型です。

上司の仕事は部下を指揮命令することではなく、部下を支援すること・育てることです。また圧倒的多数の社員の仕事は、顧客を幸せにし、満足してもらうことです。そのことを明確に示すのが、逆ピラミッド型の組織図なのです。

指標 4

過去3年間平均の納期順守率は99％以上である

▼この指標に○がつく企業の「強み」と、つかない企業の「弱み」

不良品には、品質の不良と納期の不良の2つがあります。品質の不良は商品そのものに瑕疵があるので論外ですが、納期面の不良、つまり、約束の期日に依頼した商品が納品されない、あるいは工事が終了しないという事態は、極力避けなければなりません。納期遅れを起こすたびに、せっかく積み上げた顧客の信頼が減損します。

信用は約束を守ることから

双方の話し合いで決めた納期の遅延は、あってはならないことですが、現実は少なからず起こります。

自然災害や事故など、社外の問題で納期遅れが発生したのであればやむを得ないかもしれませんが、多くの場合、その原因は企業内部の事情です。

人間が行うことですから、「完璧」はむずかしいでしょうが、やはり常識というものはあります。納期遅れはせいぜい1%以下、つまり100回に1回程度までが限界と見るべきです。

納期が順守できない主たる原因は、3つあると思います。

第1は、その企業の管理システムが脆弱だったり、「納期を必ず順守する」という全社的な意識が、相対的に低いという理由です。こうした企業に共通しているのは、受注から納品までの進捗管理等が未だ手作業で行われ、必要部署でその情報の共有化がなされておらず、他人任せで仕事をしていることです。

第2は、売上確保のため、管理限界を超えた受注をした結果です。とにかく受注することが目的で、納期は二の次、という営業をしているからです。要は、顧客の都合ではなく、自分の都合を優先してしまっているのです。

第3は、もともと発注企業が無理な納期を設定してくる、という理由です。

業界によっては部品などの納期が遅れると次工程の生産ラインがストップしてしまうこともあり、その企業の経営計画にも影響しますから、課せられるペナルティーは想像を絶します。納期遅延が総じて多いのはBtoBビジネスですが、多品種少量生産取引や一部のBtoCビジネスでも頻発しています。納期遅延率0%を目指すことで、確固たる顧客の信頼・信用をつくる必要があるでしょう。

指標 5

トイレの使用や休憩を求める未来顧客にも親切ていねいな対応をしている

▼この指標に○がつく企業の「強み」と、つかない企業の「弱み」

未来顧客とは、親切ていねいなサービスを提供し続けることによって、いつか現在顧客になる人々のことです。にもかかわらず、その未来顧客が困って助けを求めているのに、手を差し伸べない企業が数多くあります。企業や店舗のそうした心ない対応を一度でも体験すれば、私たちは、「この企業の顧客には決してならない」と心に決めるでしょう。

「トイレをご自由に」の看板

顧客には現在顧客と未来顧客がいます。現在顧客とは今日注文してくれた顧客、今日買い物をしてくれた顧客のことです。未来顧客とは、今日は問い合わせだけで購入はしなかった顧客や、今日はトイレを借りにきた、休憩のために立ち寄っただけという顧客です。

多くの企業は、現在顧客への対応はともかく、未来顧客への対応は総じて不十分のようです。それでは、未来顧客を失うのみならず、口コミによってマイナス情報が広範囲にひとり歩きする恐れもあります。

社会的公器である企業にとっては、いつでも・どこでも・誰にでも、親切ていねいな対応をすることが基本動作です。この基本を徹底することで、広告宣伝費などほとんどかけなくても、口コミでよいうわさが広がっていきます。

社員数70名の、ある製造業の話です。たまたま本社工場が、住宅団地と中学校や高校の中間にあり、前を走っている道路が学校の通学経路に指定されていました。

工場から学校までの距離はけっこうあるので、会社は「何かお役に立てれば」と、社員用のトイレを改装し、通学の生徒たちに自由に使ってもらうことにしました。

道路から企業の敷地に少し入ればトイレを使えるようにし、「トイレをご自由に使用してください」と大きな看板も掲げました。

先日同社の会長さんにお会いした時、心温まる話を聞かせていただきました。卒業式の日、多くの学生たちが工場に立ち寄り「3年間ありがとうございました」と、花束をもってお礼を伝えてくれたそうです。

社会に出ても、この子たちはこの企業から受けたサービスを忘れないでしょう。そればかりか、もしかしたら、この企業に入社してくれたり、お客様になってくれたりするかもしれません。

指標 6

顧客からの苦情や要望意見を日常的に吸い上げる仕組みがあり、機能している

▼この指標に○がつく企業の「強み」と、つかない企業の「弱み」

顧客からの意見・苦情を放置すれば、リピート率は限りなくゼロになってしまいます。さらには、口コミなどによって新規顧客を獲得する機会すら失ってしまいます。顧客からの意見・苦情を真摯に、かつ熱心に集めている企業の中には、「クレーマーのような顧客がいたからこそ、今日の当社があります」と言うところもあります。

沈黙のクレーマーをつくるな

顧客に自社を選び続けていただくための方法は多々ありますが、そのひとつが、顧客のどんな些細な苦情や要望、意見も無視せず、日常的に吸い上げ、それを経営にフィードバックすることです。

多くの企業は、苦情を嫌がります。しかしどんなに努力し注意しても、相手の感性や腹の虫の居所などはいろいろですから、苦情は少なからず発生するものです。

苦情を言う顧客には、２つのタイプがあります。

ひとつは、何をどうやっても、粗探しのような苦情を言ってくるタイプです。いわばクレーマーです。

もうひとつのタイプは、正義感が強い顧客です。自分が受けたか別の人が受けたかはともかく、目の前で発生している悪質なサービスに、居ても立ってもいられずに意見を口にする、という人々です。

私は前者はともかく、後者は大切にすべき顧客だと思います。大半の顧客は、不愉快なことがあっても何も言わず去っていき、その後、二度と訪れることはありません。しかし正義感から意見を言ってくださる人は、「改善してほしい」という期待を込めて苦情を言っていると思われるからです。そういう人は対応次第で引き留めることもできるし、しっかりと改善することでリピート客になってくれる可能性もあります。

だからこそ、企業は日常的に顧客の苦情や要望、意見を吸い上げる仕掛け・仕組みが必要不可欠なのです。

販売した商品と一緒にアンケート用紙を入れたり、顧客にハガキやメールでお礼を言いながらアンケート用紙を送ったりするのもいいでしょう。何人かの顧客にモニターになっていただき、定期的に意見や要望を聞く場を設けるなど、方法はいろいろとあります。

指標 7

顧客を感動、驚嘆・驚愕させる独自の仕掛け・サービスが3つ以上ある

▼この指標に〇がつく企業の「強み」と、つかない企業の「弱み」

顧客がなじみの企業・お店を変える理由は、「近くにより安く、品ぞろえが豊富な企業・お店ができたから」といったものではありません。最大の理由は、その企業・お店のスタッフの、客を客とも思わないような不愛想で失礼な対応です。企業やお店は、商品ではなく、社員やスタッフの言動、サービスによって選ばれているのです。

「あり得ないサービス」を目指す

顧客が求めるサービスは、時代とともに進化してきています。私はそのレベルを5段階に分けています。

第1は義務サービス、第2は当然サービス、第3は期待サービス、第4は感動サービス、そして第5は、驚嘆・驚愕のサービスです。

第5の驚嘆・驚愕のサービスとは、あり得ないレベルのサービスという意味であり、第

1や第2のサービスは、いわば免責のサービスとでもいえるでしょう。物への欲求が強い時代、慢性的な供給不足の時代ならともかく、今の世の中で第1段階や第2段階のサービスをしていて、顧客がリピーターになるはずはありません。

顧客の心を満たすサービスが求められています。

顧客が求めるサービスのレベルは、第3段階どころか第4段階、さらには第5段階になってきているのです。

私がよく知る、ある食品スーパーの実例です。絶対に「ノー」と言わないスーパーとして有名で、卵1個でも、刺身2切れでも売ってくれます。パジャマのズボン片方だけでもかまいません。その場合は、半分の値段で販売してくれるというから驚きです。驚嘆するのは、高級食材の試食もさせてくれることです。

同店のサービスは商品の「売り方」だけではなく、あらゆる場面で講じられています。たまたまその日が誕生日の顧客が、カードを使ってレジで支払いをしました。すると誕生日の音楽が大きな音で店内に流れ、レジの担当者は「お誕生日おめでとうございます。ささやかなプレゼントがあります」と、心のこもったプレゼントを顧客に渡してくれるのです。これは同店のサービスの、ごく一部にすぎません。

親切ていねいも、ここまでやるかというほど徹すると、あり得ないサービスとなります。

指標 8

顧客や来客の情報は、全社員が共有している

▼この指標に○がつく企業の「強み」と、つかない企業の「弱み」

社員数約１００名の企業の工場見学をした時のことです。全社員が笑顔で挨拶をしてくれた上、あるひとりの現場の社員が「私の出身は先生と同じ県です。先生の書かれた本はもう5冊くらい読ませていただいています」と、手を休めて話してくれました。いい企業かどうかは、社員が優秀か、そうでないか、という問題ではないのです。

神は細部に宿る

仕事がら、多くの企業に電話することがあります。電話のやりとりを1、2分しただけで、心安らぐような気分になる企業もあります。

何社かの企業の社長に依頼されて、訪問することにしました。日程調整のためにA社とB社に電話連絡をした時のことです。まずは、A社に電話をしました。

名前を名乗り「○○社長さんはおられますか」と言うと、電話に出たスタッフは、「あぁ、

坂本先生。いつも社長がとてもお世話になりありがとうございます。社長は5分ほど前に出かけてしまいました。1時間ほどで帰社することになっていますので、帰社したらすぐに電話をさせます。お急ぎでしたら、社長に連絡を取ってすぐ電話をさせますが」と、明るい声で話してくれました。

社員が大勢いる企業ですから、その人はたまたま電話を取っただけでしょう。それでも私のことをよく知ってくれていて、ていねいに対応してくれました。その企業の組織風土に感心しました。

一方、B社にかけた電話を取ってくれた人の対応は、A社とは全く違ったものでした。名前を名乗って要件を告げると、面倒くさそうな声で「社長は出かけていていませんが」と言います。「何時頃帰られますか」と尋ねると、「わかりません。明日はいると思いますので、もう一度電話してもらえますか」と言うのです。

A社には1日も早くおうかがいしたいと考えて、1週間後には訪問させていただきました。しかしB社へは、半年あまりたちますが、未だに訪問していません。

会社によって、こんなにも企業風土が違うのか、と思います。顧客や来客を大切に思う気持ちが社内に定着しているか、顧客情報や来客情報、全社員の予定が共有されているかが、両者の差といえるでしょう。

指標 9

過去3年間の商品に対する年間平均クレーム率は1%以下であり、1時間以内に社長または部門の責任者に伝わり対処している

▼この指標に○がつく企業の「強み」と、つかない企業の「弱み」

「日本でいちばん大切にしたい会社大賞」受賞企業で、生活密着の対個人サービスを行っている企業の大半は、祝祭日でも、電話をすれば留守電ではなく、担当者が出て話を聞き、対応してくれます。中には、30分以内に駆けつけることを前提に商圏を設定している企業もあります。休日の苦情担当窓口は、社長本人という企業もあります。

悪い報告が最優先の情報

企業には、製品やスタッフの対応の仕方など、さまざまな苦情が寄せられます。「クレーム率がゼロ」というのが理想ですが、むずかしいのが現実です。しかし、むずかしいとはいえ、それに向けてたゆまぬ努力を続けることが必要です。

私がよく知る表面処理の会社があります。年間1000億個の部品に、さまざまなメッ

キを施す企業です。

１０００億個、というと膨大な数量ですが、出荷後の不良率を聞くと、「実質ゼロです。発生した場合でも、年間１個から３個程度です」と言ってくれました。

かつて不良率のメルクマールは、１％とか２％といったパーセンテージの保証でした。今日では、それが万に１個といった単位の保証になっています。同社の不良率は１０００億分の１から３ですから、もはや次元の異なる不良率であり、限りなくゼロ％に近い数字といえるでしょう。

ただ、不良を限りなくゼロにする取り組みも大切ですが、一方で大事なのは、発生したクレームなどにどう対処するかです。特に重要なのは、スピードとその時の対応です。

先日ある老夫婦から聞いた話です。土曜日のお昼頃、温水便座が故障してしまい、メーカーに電話すると留守番電話で、「今、混みあっています。しばらくたってからお電話ください」の繰り返しだったそうです。仕方なく、以前修繕を頼んだことのあるリフォーム会社に電話すると、担当から連絡させると言ったまま、３時間以上待たされたそうです。どんな状況でも、待っていただくのはせいぜい１時間でしょう。

今朝発生したクレームの情報が、社長または部門長に伝わるのは翌日の朝、という企業は間違っています。１時間以内にトップまで伝わることが基本です。

毎年または隔年、書面による「顧客満足度調査」を実施している

▼この指標に○がつく企業の「強み」と、つかない企業の「弱み」

顧客に嫌われた企業に、未来はありません。毎年多くの会社が業績不振を理由に消滅していますが、その最大の要因は、不況やライバル企業の出現などではなく、顧客に「なくてもいい会社」と評価された結果です。逆に言えば顧客が、企業やその商品に価値を見出し、評価してくれている限り、会社の未来は明るいということになります。

顧客満足度は会社まるごとの評価

企業にとって、「顧客が自社をどう評価しているのか」「現在の商品やサービスに不平・不満はないのか」などのことを日常的に知ることは極めて重要です。

顧客の自社に対する評価を知る方法はいろいろありますが、そのひとつが「顧客満足度調査」の実施です。

具体的にいえば、全数またはサンプリングをした上で顧客に調査票を送り、回答してもらう調査です。回答は、記名式だと本音が出にくくなるので、記名か無記名は顧客に任せればいいでしょう。

ただ、どんな属性の顧客が、どんな評価をしているのかがわからないと、その後の的確な対応ができません。性別や年代、主たる購入商品などは、記入していただいたほうがいいと思います。

調査項目は、商品そのものの評価だけでなく、価格やその後のサービス、担当者の接客態度などですが、自由記入欄は必ず設けたほうがいいでしょう。

貴重な苦情や要望、意見を書いてくれた方で、名前がわかる場合は、後にお礼をするのもいいと思います。

「顧客満足度調査」は、実施そのものが目的ではなく、「顧客満足度を高める」ための調査です。ですからどんな苦情や要望が出ても、真摯に対応する覚悟が必要です。

調査の実施は可能な限り、外部の調査企業やコンサルタント企業に依頼したほうがいいでしょう。担当者は、できればいやな意見は聞きたくないし、上司にも知られたくない苦情なども少なからずあるからです。

だからこそ、顧客が企業やその商品をどう評価しているのかを知ることは、極めて重要となるのです。

指標 11

必要とされる人員の1・2倍以上の配員や、現場への権限委譲を行うなどして、顧客満足度を高めている

▼この指標に○がつく企業の「強み」と、つかない企業の「弱み」

たいていの企業は効率優先で、10人必要な職場には10人を投入します。定員割れの9人が常態という企業もあります。これでは社員満足は生まれません。こんな余裕のない経営で顧客満足度を上げることは、とうてい不可能です。中には、顧客満足度を高めるための努力が、逆に社員を苦しめているようなケースもありますが、それは本末転倒です。

ムダ取りという名の欺瞞

社員への過度な負担がなく、顧客満足度の高い経営をするためには、効率や業績をことさら重んじるような経営とは決別する必要があります。

どんな業界においても、突発的な事故や仕事が発生したり、時として度を超したわがままな顧客もいるからです。

こうした事態に遭遇した場合、誰かが対応をしなければなりません。

その時、ぎりぎりの人員で仕事をしていると、問題対応のためにひとり抜けただけで、他のメンバーの負担は一気に大きくなります。イレギュラーな事態に何人かで対処しなければならないような場合は、顧客に提供するサービスはがくんと低下してしまいます。

たまたま度を超えたわがままな顧客の対応に当たってしまった仲間に、支援の手を差し伸べることもできません。こうしたことが繰り返されれば、社員満足度は下がり、必然的に顧客満足度も下がってしまいます。

社員と顧客の両者の満足度を同時に高める経営の考え方・進め方はいくつかありますが、そのひとつが、効果・効率や業績ではなく、社員の満足や幸せを最重視した経営を行うことです。

そのために、職場を可能な限りＩＴ化・ロボット化するのもひとつの方法ですが、より重要なのは、ゆとり・遊びのある配員にすることです。

その割合は、これまでの経営学の常識の1・2倍〜1・3倍の配員です。つまり、10人が適正といわれる職場に、12人〜13人を配員するのです。

その分だけ人件費負担は増加しますが、そうすることで、顧客満足度が高まるとともに、社員の仲間意識が強くなります。そしてその結果、社員の離職率が低下し、顧客のリピート率が向上します。人件費がアップしても、採算は十二分に合うはずです。

指標 12

顧客の足元を見るような値決めはせず、常に顧客に適正価格を提示している

▼この指標に○がつく企業の「強み」と、つかない企業の「弱み」

顧客の困り具合を見て、そこにつけ込んで利益を貪る商売は、昔から外道とされてきました。現代では、真っ当な企業や店で、こんな意地汚いビジネスを見ることはありませんが、ネット上では頻繁に目にする光景です。こんな企業はいずれ捨てられるだけでなく、正直で誠実な社員は心を痛めて辞めてしまうでしょう。

未来顧客を失う経営

ホテルやガソリンスタンド、飲食店や小売店等を利用することが頻繁にありますが、正直腹立たしいと思うことが多々あります。そのひとつが価格です。

自分ごとですが、私は仕事の関係で都内のビジネスホテルに頻繁に泊まります。気になるのは、日によって料金があまりに違いすぎることです。あるホテルでは、同じ月の平日、同じ部屋なのに、宿泊料金は高い時は2万円、安い時は1万円です。

別の全国チェーンのホテルは、高い日が2万4000円、安い日が8000円です。株価や為替レートではあるまいし、なぜこんなにも料金が違うのかというと、需給のバランス、つまり私たちの困り具合を見て、その日の値段を設定しているからです。

通常の2倍や3倍の料金を提示された時、私は価格決定権のないフロントのスタッフには申し訳ないと思いつつ、「今日はいつもよりいい部屋をとってくれたのですか」とか「素泊まりで依頼したのですが、夕食がついているのですか」と聞くことにしています。

その上で、フロントのスタッフには「料金の設定がおかしいと言う顧客がいることを、上司や社長に伝えてください」と言っています。

こんな料金の設定をしていたら、やがて困るのはホテル側です。正直な仕事ができないことで、社員は困っているでしょう。

GSのガソリン価格も、同じことがいえます。

原油が、為替レートに左右される商品であることは百も承知ですが、円安になったとたん、その日から値段が上昇するのは不思議な話です。

中近東の原油がタンカーで日本の港に運ばれ、それが精製され、ガソリンになるまでおよそ1カ月かかります。1カ月後に値段が上がるならともかく、円高になったその当日から、訳のわからない幅で価格を上げるという経営姿勢が評価されるはずがありません。

指標 13

1年にひとつ以上、新しい価値を市場に創造提案している

▼この指標に○がつく企業の「強み」と、つかない企業の「弱み」

いつ行っても、同じような商品ばかりが並んでいるような店ではいけません。そんなことをしていたら、顧客はすぐに飽きてしまいます。同じように、10年前に開発した売れ筋商品に、いつまでも依存した経営をしている製造業の中小企業があります。そうした会社は、商品寿命が終わった時点で成長が止まり、やがて廃業となります。

新商品開発は企業の永続の必須条件

顧客に永続的にファンのような顧客になっていただくためには、マンネリ化した経営をしていてはいけません。そんな状態では、他社からよりよい商品が出たとたん、多くの顧客を失って経営を縮小せざるを得なくなります。

特許で守られているうちは、わが世の春でも、特許が切れたとたんに真冬の厳寒に放り込まれたという企業は、これまでにも枚挙に暇がありません。

その意味では、市場にもよりますが、1年に最低ひとつ以上の新商品や新サービスを創造し、顧客に提案し続けることが必要不可欠です。

そうすることで、顧客は常に目を離せない企業、注目していたい会社として、気にかけてくれるからです。

「不易流行」という格言があります。時代とともに変えるべきものと、どんな時代になっても決して変えてはいけないものの2つがあるという意味です。

変えてはいけないものは、正しい経営を行うということであり、変えるべきものは商品や売り方・つくり方・ビジネスモデルなどであることはいうまでもありません。

ある洋菓子メーカーは、過去30年間で800以上の新商品を開発販売しています。また、ある部品製造業は、創業50年間で開発販売した商品は2万アイテムにも及びます。つまり、1年に約400もの新商品を開発してきたのです。両社とも顧客にとってなくてはならない企業として高く評価され、創業以来黒字経営を持続しています。

そこまでとは言いませんが、せめて1年にひとつ以上は、独自の新しい商品やサービスを創造し、顧客に情報発信すべきでしょう。

顧客の関心を失わないための努力の第一は、顧客に関心をもつことです。現在顧客だけでなく、未来顧客の求める価値は何か、関心をもち続けることが大切です。

指標 14

顧客データベースがあり、それが機能している

▼この指標に○がつく企業の「強み」と、つかない企業の「弱み」

顧客データベースとは、顧客の属性や購買歴などがパソコンにインプットされ、それがタイムリーに更新され、関係者の誰もが必要な時に自由に見、活用できる情報システムのことです。こうしたシステムの開発は、経営の効果・効率を上げるだけでなく、顧客満足、顧客感動のベースとなります。

システムが付加価値となる

近年、市場のニーズ・ウォンツの多様化、短納期化・高スピード化が加速度的に進行しています。その中で、扱い商品はかつてとは比較にならないほど多種多様化してきており、顧客情報も、これまでのような手作業による管理では困難になっています。

リアルであれバーチャルであれ、顧客データベースの構築は今や不可欠な時代です。顧客データベースによって、業務の簡素化はもとより、顧客満足度を高め信頼を得ることも

可能になるからです。

ところが多くの企業では、データベースがないどころか、あったとしても十分には利活用されていないというのが実態です。

例えばホテルでチェックインの手続きをとる場合にも、そのことを強く感じます。すでに何回も宿泊している上、予約する際に必要な情報はすべて伝えてあるにもかかわらず、住所と氏名、電話番号を書いてくださいと言われるからです。

一方、そうではないホテルもあります。私が出張するたび、好んで宿泊するホテルがありますが、そのホテルのフロントではすでに入力済みの紙を見せられて、間違いがなければそれだけで手続き完了です。そればかりか、「いつも泊まってくださる部屋のタイプが満室でしたので、もう少し広めの部屋をとっておきました。気に入っていただくといいですが」と言ってくれたりもします。

「日本でいちばん大切にしたい会社大賞」受賞企業の1社に、社員数50名の製造業があります。その企業では、顧客が電話をして企業名を名乗ると、担当者はすぐに目の前のパソコンに企業名を入力します。するとたちまち、その企業のこれまでの購買歴や、支払状況などが画面に表示されるのです。その結果、しばらくぶりの顧客であっても、まるで長年の知り合いのように話が弾むそうです。

指標 15

商圏が同業他社と比べて格段に広い。または、値引きを要請する顧客がほとんどいない

▼この指標に○がつく企業の「強み」と、つかない企業の「弱み」

いい企業に共通していることは、広告宣伝費をほとんどかけていないにもかかわらず、商圏は一般企業よりはるかに広い、あるいは深いという点です。ネット販売や通信販売の場合は当然ですが、リアル店舗でも、日本中どころか世界中から、わざわざ客が追いかけてくる企業やお店があります。圧倒的な商品力やサービス力と信用力があるからです。

よいお客はよい企業を選ぶ

顧客を魅了する価値ある商品力やサービス力をもち、しかも嘘をつかないという信頼経営は、地理的な商圏という常識をブレークスルーします。

鳥取県に社員数わずか3名のモノづくり企業があります。その商圏は、全国どころか海外にまで広がり、現在、海外顧客からの注文が売上高の半分を占めています。注文も受け取りも、顧客自ら海外から足を運び、鳥取県にまでやって来ます。

熊本県には、社員数７名のモノづくり企業があります。この企業も、今や売上高の30％は海外です。

また、群馬県に社員数20名の一品物のモノづくり企業がありますが、この企業の販売先は約１万社、47都道府県で取引先のない県はないといいます。

こうした企業の存在を見ると、商圏人口が少子化で減少したとか、立地している場所の交通利便性が悪いから、などといった理由は虚しく聞こえます。大手企業のほとんどが日本国内市場に見切りをつけ、海外に拠点を移している戦略にも疑問を感じてしまいます。

また、いい企業に共通しているのは、顧客の大半が値引きなどを要求しない点です。

会社側が端数程度の値引きを提案する場合はともかく、当然のように大幅な値引きを要請するような顧客が数多くいるようでは、その企業は健全な経営をしているとはとても言えません。

よい顧客は、その企業から提示された価格が、商品やサービスに見合った正直な価格であることを理解してくれます。そしてよい顧客はご褒美のように、親しい知人、友人に、その会社の真実を伝えてくれます。

私はよく「いい企業になりたかったらいい企業とお付き合いすること」「いい人になりたければいい人とお付き合いすること」と言いますが、まさにそこが重要なのです。

指標16

企業や担当者ではなく、常に顧客の都合を最優先している

▼この指標に○がつく企業の「強み」と、つかない企業の「弱み」

企業の盛衰を決めるのは、いつの時代も顧客です。ですから企業は、いつでも、どこでも、誰に対してでも、顧客にとって一番いいと思うことをするのが原理原則です。しかし依然として、顧客の都合ではなく、会社の都合や担当者の都合を優先するような企業がたくさんあります。原理原則に外れた企業は、生き残ることができません。

正直は最善で最高の営業方法

数年前、著名な大企業の若いセールスエンジニアから、相談を受けました。

「自分の仕事は機械の販売です。担当している機械は3機種あります。Aが最も高額な機械、Bはその次、そしてCは最も低価格の機械です。

会社の方針は、自社に最も多くの利益をもたらしてくれるAを1台でも多く販売することです。ノルマもありますので、どこの会社に営業に行っても、私たちはAをかなりの時

間を割いて紹介し、何としても購入していただくような営業をしています。

しかし顧客によっては、支払い能力や生産環境、後継者の問題などにより、AよりはBのほうが、あるいはCのほうがいいのではと思うことが時々あります。場合によっては、ライバル企業の生産販売しているDのほうがいいのでは、と思うこともあります。

もちろん、そんなことは口が裂けても言うことはできません。BやCを販売しても、全く評価されません。私にも家族がいます。商談が決まった帰りの電車の中でいつも胸を締めつけられます。私はどうしたらいいのでしょうか」といった内容でした。

こんなにも誠実に生きている若い社員を苦しめている、その企業の経営者や上司に強い怒りを覚えました。

こんな経営をしていたら、やがて顧客から見捨てられるでしょう。どう考えてもお天道様に顔向けできるような商法ではないからです。そういう企業は、顧客に見捨てられる前に、社員に見限られるかもしれません。

「日本でいちばん大切にしたい会社大賞」受賞企業の社員に、「この会社のどこがいちばん好きですか」という質問をすると、たいていの社員は「この会社では正直な仕事ができることがいちばんありがたいし、好きなところです」と答えてくれます。

「会社のため」ではなく、「顧客のため」に働くことが、社員の喜びなのです。

指標17 必要以上に高い商品は、たとえ顧客が求めたとしてもつくらない、売らない

▼この指標に○がつく企業の「強み」と、つかない企業の「弱み」

これまで生産・販売していた商品に付加価値をつけ、客単価を10%アップして販売する、といったケースがあります。その10%が、顧客にとって利便性が高くなった結果ならいいでしょう。しかし、単に高く売りたいという企業の都合だけで商品を改良しているケースが多いようです。こうした経営は、私に言わせればまるで詐欺的商法に見えます。

善良さは企業の誇り

物的成熟化社会、右肩下がり社会になると、客数の増加がなかなか見込めなくなるので、多くの企業は客単価を上げようと努力します。

これまで1万円買ってくださっていた顧客が、平均して1万1000円の買い物をしてくれれば、顧客がたとえ5%減少しても、その企業の売上高は5%増加することになるからです。

「日本でいちばん大切にしたい会社大賞」受賞企業に、あるランドセルメーカーがあります。ランドセルはふつう、家族の誰かが買って、小学生になる子供や孫にプレゼントするものです。

小学校1年生人口は、かつての270万人が近年では90万人以下にまで激減しています。ちなみに2020年の出生者数は、ピーク時の3分の1の87万人でした。

こうした中、ランドセルメーカーの多くは、売上の確保のため、ランドセルの高級化・高価格化にシフトし始めています。高級化・高付加価値化というと言葉は美しいのですが、中には、小学校1年生にプレゼントするものとは思えないような、高価格のランドセルもあります。

こうした市場環境の中で、この企業では、どんなに顧客が高いものを求めても、6万円以上のランドセルはあえて生産も販売もしていません。社長は「これ以上の素材や機能は、小学校の6年間では必要ありませんから」と言います。

島根県の医療器メーカーも同様です。アジアの貧しい人々からの注文を受け、「既存の商品では高くて、とても買えないだろう」と、あえてその国で生産している部材を活用した低価格の新商品を現地企業と共同して開発、販売しました。

こうした姿勢は、やがて必ず多くの顧客に評価されることでしょう。

指標 18

英語版などの外国語のホームページがある。または1週間に1回以上は、ホームページを部分的にでも更新している

▼この指標に○がつく企業の「強み」と、つかない企業の「弱み」

数年前のデータですが、ホームページのある企業とない企業では、業績の伸びが4倍以上違うとありました。今どきホームページがなければ、機会損失が発生します。しかし英文など他言語の人も見られるというケースは、まだそう多くはありません。外国語ホームページは、世界中の未来顧客に自社の存在と感動を届ける手段です。

ホームページはつくるより更新が肝心

今ではほとんどの企業が、ホームページを開設しています。調査資料を見ると、日本の企業の88％はすでにホームページを設けているようです。ネット社会が本格化した現在ではそれも当然ですが、一歩進んで、ホームページを見ていただくための仕掛けや仕組みの導入も、極めて重要な時代となっています。

情報の受信や発信だけでなく、商取引や人財確保なども、ホームページがきっかけという企業が多々あるからです。

私も、はじめての町に出張する場合は、宿泊するホテル探しや、空いた時間に訪問させていただく企業などに関する情報は、まずインターネットで検索してホームページを調べるなどしています。

ただ、これだけほとんどの企業がホームページを開設している状況になると、「ただ、つくっておけばいい」というものではなくなってきます。その内容と更新が重要です。

中には、企業の紹介だけで、面白くも楽しくもない残念なホームページもたくさんあります。半年、1年、全くといっていいほどメンテナンスされていないホームページも少なくありません。せめて1週間に1回程度以上は更新が必要でしょう。

ホームページは世界につながるメディアです。経済社会のボーダレス化・グローバル化の進行を踏まえると、外国語への対応も重要になってきます。

ちなみに、私は「人を大切にする経営学会」の仲間と一緒にブログを発信しています。スタートしたのは私が法政大学大学院に研究室を移した2008年度からですが、12年間連続、1日も欠かさず、日々更新を続けています。

その結果、嬉しいことに、多くの人々との交流の輪が広がり続けているのです。

指標19

売上高対宣伝広告費比率は同業他社と比べて極端に低く、特売日などもほとんどない

▼この指標に○がつく企業の「強み」と、つかない企業の「弱み」

これまでの経営学では、広告宣伝費の多い企業や売上高対広告宣伝費率の高い企業が、いい企業といわれてきました。しかし、好不況にかかわらず、ほとんどブレず好業績を維持している「いい企業」を調べれば調べるほど、それらの会社の広告宣伝費率は、業績のブレの大きい会社に比べて低いことがわかります。

広告宣伝費は多ければいいというものではない

企業が商品開発するための研究開発費は、売上高の10％程度までであれば、かければかけるほど新商品開発件数が増え、業績も総じて高くなるという傾向があります。しかし、広告宣伝費はそうではありません。宣伝広告費は、かければかけるほど商品が売れる、というものではないのです。

業界によって異なりますが、一般的に企業の宣伝広告費比率は売上高比０・３％です。

食品スーパーなどは、毎週のように新聞折り込みチラシでＰＲしていることもあり、その比率は４％前後。通信販売業ではさらに一段と増加して、10％以上となっています。

しかし、好不況で業績がほとんどブレず、顧客が支持している企業の宣伝広告費比率は、前記の企業の３分の１以下程度にすぎません。

私がよく知る食品スーパーが10社ほどありますが、それらスーパーに共通しているのが、年間を通じて新聞折り込みチラシをやっていないということです。これらのスーパーには原則として「特売日」がないから、折り込みチラシを打つ必要がないのです。

ある経営者に「なぜ特売日がないのですか」と質問すると、「たまたまその日に来ることができない顧客に不公平になるからです」と言ってくれました。

一方で、先日、大手スーパーのあり得ないような話を聞きました。

知人の女性によれば、そのスーパーでは、年金が支給される日を「高齢者の日」と銘打って、シニアの顧客に限って10％値引きをしているということです。

そこまでならありがたい話なのですが、よく聞くと、「10％の値引き商品は、よく見ると通常時より10％高い定価がついているんです。モノによっては、10％程度量が少なくなっているようです」と言うのです。名前を聞けば知らない人はいないくらいの有名店ですが、高齢者をだますような商売ではないか、という気がします。

指標 20

顧客からのサンキューレターが、同業他社と比べてかなり多い

▼この指標に○がつく企業の「強み」と、つかない企業の「弱み」

ほとんどの顧客は、標準を超えたよい商品を購入したり、よいサービスの提供を受けても、自身の心にとどめておくか、家族にそのことを話す程度です。企業にメールや手紙で感謝の気持ちを伝えるというのは、けた違いの感動を感じたからにほかなりません。サンキューレターは社員を勇気づけ、励まします。

その仕事はきっと誰かが見ている

顧客から「貴社のおかげです」とか「あなたのおかげです」といった言葉をかけられたり、感謝の手紙やメールなどをいただくことほど、企業にとって、特に現場スタッフにとって誇りを感じ、心安らぐ瞬間はありません。

こうしたサンキューレターの有無やその数は、その企業の商品やサービスのレベルを示しているものといっていいと思います。

社員数70名の中小のモノづくり企業ですが、送られてくるサンキューレターは1年に3万通以上に上ります。商品を売るためではなく、顧客が感動するような、さまざまな心のこもった仕掛けを講じているから、それだけのサンキューレターが寄せられるのです。

サンキューレターが多い企業に共通しているのは、商品そのものが感動的であることもありますが、それ以上に、会社や社員の姿勢、社員が提供するサービスが、顧客の心をしっかりと捉えているからです。

これらの企業に寄せられた、サンキューレターを何通か読ませていただきましたが、心が芯から温かくなるようなものばかりでした。

こうしたサンキューレターを読むと、社員教育や人柄のいい心優しい社員の確保が、企業経営にとっていかに重要かを改めて思い知らされます。

いただいたサンキューレターは、可能な限り全社員に、少なくともその仕事に直接関わった社員に回覧すべきでしょう。裏方で仕事をしている社員には、そうした情報はなかなか入ってこないからです。

社員たちはそれを見ることで、「お客様はこんなにも、自分たちが手がけた商品を喜んでくれたのか」と実感し、幸せな気持ちになるでしょう。そして、さらにお客様が感動する仕掛けづくりに、積極的に挑むのです。

○ or ×	採点表 現在顧客と未来顧客に関する指標 ○…1点 ×…0点		点数
	1	リピート率は70%以上である	
	2	新規顧客の80%以上は口コミ客・紹介客である。または、営業担当社員は全社員の５%程度以下である	
	3	組織図は、顧客や社員が最上位の逆ピラミッド図である	
	4	過去３年間平均の納期順守率は99%以上である	
	5	トイレの使用や休憩を求める未来顧客にも親切ていねいな対応をしている	
	6	顧客からの苦情や要望意見を日常的に吸い上げる仕組みがあり、機能している	
	7	顧客を感動、驚嘆・驚愕させる独自の仕掛け・サービスが３つ以上ある	
	8	顧客や来客の情報は、全社員が共有している	
	9	過去３年間の商品に対する年間平均クレーム率は１%以下であり、１時間以内に社長または部門の責任者に伝わり対処している	
	10	毎年または隔年、書面による「顧客満足度調査」を実施している	
	11	必要とされる人員の１.２倍以上の配員や、現場への権限委譲を行うなどして、顧客満足度を高めている	
	12	顧客の足元を見るような値決めはせず、常に顧客に適正価格を提示している	
	13	１年にひとつ以上、新しい価値を市場に創造提案している	
	14	顧客データベースがあり、それが機能している	
	15	商圏が同業他社と比べて格段に広い。または、値引きを要請する顧客がほとんどいない	
	16	会社や担当者ではなく、常に顧客の都合を最優先している	
	17	必要以上に高い商品は、たとえ顧客が求めたとしてもつくらない、売らない	
	18	英語版などの外国語のホームページがある。または１週間に１回以上は、ホームページを部分的にでも更新している	
	19	売上高対宣伝広告費比率は同業他社と比べて極端に低く、特売日などもほとんどない	
	20	顧客からのサンキューレターが、同業他社と比べてかなり多い	
		合計	

18点以上	超優良	12～15点	平均
16～17点	優良	11点以下	改革・改善が急務

第４章

地域住民や障がい者など社会的弱者に関する指標

指標 1	障がい者を法定雇用率以上に雇用している
指標 2	過去３年間に新たに障がい者を雇用した
指標 3	特別な理由がない限り、障がい者も正社員（無期雇用社員）として雇用している
指標 4	重度障がい者または精神障がい者を正社員として雇用している
指標 5	最低賃金の除外申請をしている障がいのある社員はひとりもいない
指標 6	本人や家族の希望により、障がい者手帳の有無にかかわらず、健常者として雇用している
指標 7	障がい者施設や多数雇用企業に発注したり、物品やサービスを安定的に購入している
指標 8	特別支援学校（学級）等からのインターンシップを積極的に受け入れている
指標 9	地域住民のひとりとして、地域の美化や街づくり活動に取り組んでいる
指標 10	創業した地域社会や、お世話になった人々を大切にした経営を行っている
指標 11	福祉施設などに対する支援活動を定期的に実施している
指標 12	地域団体や地域住民の求めに応じて企業の施設を開放している
指標 13	仕入れや外注は地域内企業を優先している
指標 14	地域貢献・社会貢献のための担当部署や委員会があり、毎年予算化している
指標 15	地域内外の災害に対しては、現地に出向いて支援活動をしたり、企業の施設を開放している
指標 16	地域住民や教育機関、産業団体からの求めに応じ、企業見学を積極的に受け入れている
指標 17	自社の生産・販売活動に伴う地球環境への配慮を年々高めている
指標 18	地域住民から子供や孫を就職させたい企業と言われることが時々ある
指標 19	ボランティア休暇制度があり、毎年誰かが取得している
指標 20	社会貢献活動を、企業経営の重要な役割と戦略的に位置づけている

採点は２０４ページで行ってください。

●なぜ地域住民や障がい者など社会的弱者に関する指標が大事なのか

企業は車を使うし、人も集まります。そのため地域住民は大なり小なり、その影響を被ることとなります。社会財を使う企業が、地域住民への責任を強く感じなければならないのは当然です。

社会への貢献とともに大事なのが、社会的弱者に対する姿勢です。

社員、社外社員、顧客を幸福にすることを使命とする企業は、社会的弱者の幸福にも積極的に手を差し伸べることが求められます。

人は、働くことによって幸せが得られるのですから。

具体的には、次のような人々に対して雇用の責任を果たすことです。

◎現在働いている障がい者や、働く意志と、程度の差こそあれ、その力があるにもかかわらず働く場所がない障がい者
◎現在働いている高齢者や、働く意志と、程度の差こそあれ、その力があるにもかかわらず働く場所がない高齢者
◎現在働いている母子家庭の親や、働く意志と、程度の差こそあれ、その力があるにもかかわらず働く場所がない親
◎以前、何らかのトラブルを起こしてしまったが、その後更生し、現在強く働く場を求

めている が働く場のない人々

こうした人々に働くチャンスを与えることも、人を大切にする経営の条件です。

●本気で取り組まなければ本物になれない

人を大切にする経営は、企業を100年、200年と持続的に成長・発展させる方法です。しかし人を大切にする経営は、事情が許せばやるとか、社長の言い訳のために時々やる、というような、つまみ食い的なやりかたで実現できることではありません。そんな中途半端なことでは、経営的にも何の成果も上げられないのです。

本物の人を大切にする経営は、本気で取り組んではじめて実現に近づき、本物になってはじめて企業業績も上がってきます。

ですからこの指標は、経営者の本気度がわかる指標といえます。

なお、私はどの著作でも「障がい者」という表記を使います。障がい者を障害者や障碍者と記述しても間違いではありませんが、社会に何の害ももたらしていない人々に、害とか碍という字を使うべきではないと考えるからです。

指標 1

障がい者を法定雇用率以上に雇用している

▼この指標に○がつく企業の「強み」と、つかない企業の「弱み」

人の幸せは、①人にほめられること、②人に必要とされること、③人の役に立つこと、④人に愛されることの４つといわれます。その意味でいえば、人の幸せは、働かなければ得ることができないのです。だからどんなに重い障がいがあっても、働くことが決してたやすいことではないとわかっていても、障がい者の多くが働きたいと思うのです。

人を幸福にする、妥協のない使命感があるか

わが国には、身体障がい者、知的障がい者、精神障がい者が合計９００万人以上います。このうち、民間企業に雇用されて働いている人は約56万人なので、就業率では約６％になります。障がい者の雇用は、障がい者雇用促進法で定められており、現在（２０２１年３月１日）の法定雇用率は２・３％になっています。法定雇用を義務づけられている企業は、社員数が43・５人以上の企業で、その数は約10万社です。

しかし、法定雇用率を達成している企業は約4万6０００社ですから、達成割合は50％にすぎません。しかも10万社の中で31％の企業は、障がい者をひとりも雇用していないのです。

その結果、現在の障がい者法定雇用率の平均は2・1％と、法で定められた2・3％を下回っている状況です。

「日本でいちばん大切にしたい会社大賞」の応募基準は6項目ありますが、法定雇用率を満たしていない企業は、応募すらできなくなっています。社員数43・5人未満で法律上は該当しない企業についても、①法定雇用率に達しているか、②未達成の場合は障がい者就労施設、あるいは多数雇用企業から2・3％相当分の仕入や発注を安定的にしているか、のいずれかを条件としています。

大賞を受賞したすべての企業が、実際に法定雇用率を大幅に上回っています。中には、社会福祉法人や特例子会社ではなく、株式会社組織の中小企業でありながら、雇用率が30％、50％、それどころか80％を超える中小企業も少なくありません。重度の障がい者はダブルカウントなので、法定雇用率で計算すると１００％を上回る企業もあります。

たまたま健常者として生まれ育ち、五体満足で生きているのなら、その人の能力がどうであろうと、働く場を求める障がい者を雇用しなければならないと思います。

指標 2

過去3年間に新たに障がい者を雇用した

▼この指標に○がつく企業の「強み」と、つかない企業の「弱み」

障がい者雇用促進法を順守している企業は、確かに評価に値します。ただ、10年前からずっと法定雇用率（現在は2・3%）のままという企業には、「法律を守ればそれでいい」という考え方を色濃く感じます。働く意欲と知力・体力があるのに働く場がない障がい者は、まだ数多くいます。その現実から目をそらしている、本気度の低い企業と言うしかありません。

問われているのは企業努力

障がい者雇用は年々少しずつ高まってきてはいますが、まだ2・3%の法定雇用率に満たない2・1%という数字です。その大きな理由のひとつは、障がい者を雇用しなければならない多くの企業が、法定雇用率を守っていなかったり、法定雇用率ぎりぎりしか雇用しておらず、雇用数が大きくは伸びていないことにあります。

「日本でいちばん大切にしたい会社大賞」の第1次審査項目のひとつに「過去3年間に新

たに障がい者を雇用しましたか」という項目があるのは、障がい者雇用の継続的な努力を求めたからです。

もちろん、すでに5%とか10%を上回っている企業には、それをあえて要求しません。

神奈川県に社員数100名のサービス業があります。毎年4名から5名の新規学卒者を採用していますが、企業の方針として、そのうちのひとりは障がい者を雇用すると宣言し、もう10年以上それを実行している企業です。

数年前、同社の4月の入社式で、記念講演を依頼されました。せっかくの機会なので、入社式にも参加させていただきました。その年の採用社員は4名、うち1名は車椅子に座った女性社員でした。

社長は、新入社員1人ひとりに辞令書を手渡しします。車椅子の新入社員に手渡す時は、舞台の床に背広の両膝を付け、目線を合わせて、辞令書を大きな声で読み上げて渡していました。

その時の社長の姿勢や、車椅子の女性社員をタイムリーにサポートする同社の社員の優しさと気配りを見て、私はこの企業は本物であると心から思いました。

当日は、車椅子の新入社員の両親が来賓として会場に参加していました。お2人とも、あふれる涙をハンケチで拭っておられました。

指標 3

特別な理由がない限り、障がい者も正社員（無期雇用社員）として雇用している

▼この指標に○がつく企業の「強み」と、つかない企業の「弱み」

障がいのある人々が働きたいのは、ひとりでも多くの人から「ありがとう、あなたのおかげです」という言葉をもらいたいからです。その言葉は、働かなければ得られないからです。であれば、家族や本人から「有期雇用」「非正規雇用」を求められた場合は別として、採用は原則「無期雇用」「正社員雇用」とし、ずっと働いてもらうべきです。

雇用の原則は正規社員

厚生労働省の資料によると、わが国の雇用者5800万人のうち、非正規社員は約35%です。しかしこれを障がいのある雇用者に限ってみると、非正規比率は身体障がい者が48%、知的障がい者が80%、精神障がい者が75%となっています。

身体障がい者は、他の障がいと比べれば非正規社員比率が低くなってはいますが、知的と精神は大半が非正規社員として雇用されているのです。

生まれながら障がいのあるお子さんのお母さんから、メールをいただいたことがあります。「20歳になる息子には、生まれながらの障がいがあります。働くことが大好きですが、なかなか職場の理解を得られず、今の職場で3カ所目です。非正規で働いているため、来年の3月には契約期間が切れ、また失業してしまいます。どんな仕事、どんな企業でもいいので、子供が正社員として雇用されるのが夢です。そうしたら、私は安心して死ねます」と書いてありました。

「日本でいちばん大切にしたい会社大賞」の第1次審査項目の中に「障がい者であっても原則正規社員として雇用する」とありますが、こうした保護者の叫びに応えたかったからです。受賞企業で働く障がい者の大半は、正規社員として働いています。一部に非正規社員として雇用されている障がい者もいますが、その理由はすべて、障がい者本人や保護者からの要望があったからです。

働きたいと思っている障がい者や、今働いている障がい者が、働くことと同時に強く求めているのは、正規社員としての雇用です。非正規社員、つまり「有期雇用社員」として採用されても、いつ「期限切れ」を宣告され、路頭に迷うかわからないからです。

こんな状態では、将来設計などとてもできないでしょう。安心し、心から顧客のことを考えてもらうためにも、正規社員として働いてもらわなければなりません。

指標 4

重度障がい者または精神障がい者を正社員として雇用している

▼この指標に○がつく企業の「強み」と、つかない企業の「弱み」

福島県に本社のある、社員数130名の中小企業があります。全社員の30％が障がい者で、その半分が重度障がい者や精神障がい者です。もちろん全員が正規社員です。同社は障がいのある社員の定着率が高いことでも有名で、他社に転職した障がいのある社員は実質皆無といいます。

障がいの医学的な判定は、仕事の判定ではない

障がいは、その程度により重度・中度・軽度と一般的に区分されます。また種別では身体・知的・精神に区分されます。

いずれの障がいであっても、就労は容易なことではありませんが、とりわけ困難を伴うのは重度障がい者や精神障がい者です。

ちなみに、重度障がい者は一般的な呼称で、法律では次のように定められています。

身体障がい者の場合は、等級が1級・2級の人、または等級が3級で、重複障がいのある人

知的障がい者の場合は、養育手帳で程度が「A」とされているか、児童相談所または知的障がい者福祉法に規定される知的障がい者更生相談所から、養育手帳の「A」に相当する程度とする判定をもらっている、または、障がい者の雇用の促進に関する法律に規定された障がい者職業訓練センターにより、重度の知的障がい者と判定された人

ちなみにこの判定はあくまでも医学的判定であり、仕事の可能性を評価するものではありません。重度であっても、仕事のやり方を工夫して結果を出している企業はたくさんあります。

いずれにしても、同じ障がい者でも、就労がむずかしいといわれている重度障がい者や精神障がい者を積極的に受け入れている企業は、立派だと思います。

ですから、「日本でいちばん大切にしたい会社大賞」の審査基準では、このことを明確にし、該当する企業を高く評価しています。

「日本でいちばん大切にしたい会社大賞」受賞企業の大半は、単に障がい者の雇用率が高いというだけではなく、重度障がい者や精神障がい者の雇用に熱心に取り組んでいます。前述の福島県の企業も、そのうちの1社です。

指標 5

最低賃金の除外申請をしている障がいのある社員はひとりもいない

▼この指標に○がつく企業の「強み」と、つかない企業の「弱み」

「日本でいちばん大切にしたい会社大賞」受賞企業の大半は、仕事の出来、不出来にかかわらず、最低賃金の除外申請はしていません。なぜなら、健常者の社員や軽度の障がいのある社員が、重度障がい者の分まで頑張って働いているからです。支え合う風土をもつ組織が強いのは当然です。

雇用の本気度は賃金にあらわれる

一般企業で働いている障がい者の1カ月当たり所定内給与は、身体障がい者が21万円、知的障がい者が11万円、そして、精神障がい者が12万円前後です。一方、施設で働く障がい者は、A型が7万円前後、B型は1万6000円前後です。

わが国の雇用者（健常者）の平均的所定内給与は27万円前後で、これに賞与を入れ、月割りにすると35万円前後となります。

一般企業で働く障がい者の賃金が、かなり低いことがわかります。

よりひどいのはA型施設やB型施設で働いている障がい者で、その賃金は健常者の賃金と比較すると、A型で4分の1から5分の1、B型では16分の1から20分の1程度になります。

最低賃金法では、47都道府県ごとに支払うべき最低賃金が示されています。ほぼ毎年のように変更されていますが、最新の法律では、時間給で最も高いのが東京都で１０１３円、最も低いのが鹿児島県や沖縄県などで７８８円から７８９円、全国平均では９０１円となっています。

一方、障がい者の時間給を計算しますと、一般企業で働く知的障がい者が８１５円、精神障がい者は８８９円と、全国平均の最低賃金を下回ります。

より問題なのは、A型やB型と呼ばれる障がい者施設で働く障がい者の時給で、A型では５５０円、B型では１２０円です。

B型での就労は雇用契約がありませんが、雇用契約のあるA型で働く障がい者の時給も、最低賃金を大きく下回っているのです。現実がこうですから、多くの企業では、最低賃金の除外申請を当局に提出しているのです。しかし、こうした低賃金で、言い訳のように障がい者を雇用していても、人を大切にする本物の経営はできないと思います。

指標 6

本人や家族の希望により、障がい者手帳の有無にかかわらず、健常者として雇用している

▼この指標に○がつく企業の「強み」と、つかない企業の「弱み」

「日本でいちばん大切にしたい会社大賞」の応募基準でいう障がい者雇用は、障がい者雇用促進法の定義ではなく、手帳がない場合も認めています。さまざまな理由で手帳をもってはいないものの、症状を抑えるために定期的に薬を飲んでいたり、通院している人も数多くいるからです。

障がい者手帳を雇用の障がいにしない

障がい者雇用促進法でいう障がい者は、障がい者手帳をもっている人です。ですから企業がどんなに重い障がいのある社員を雇用しても、手帳がない限り、障がい者雇用率にはカウントされません。

企業が障がい者手帳をもっている人を雇用すれば、法定雇用率を満たすことができるばかりか、推奨金等を支給されます。ですから当然、同じ障がい者であれば、手帳をもって

いる障がい者のほうが雇用しやすいということになります。

しかし障がい者の中には、障がい者手帳をもつことに抵抗を感じている人々もたくさんいます。あるいは、自分の子供が障がい者として一般に認知されることを嫌がる家族もいます。

障がい者の認定は、医学的なことがメインですので、障がい者手帳を保持している人よりも働きづらいのに、障がい者手帳が交付されない人々も数多くいます。ボーダーラインの人も少なくないでしょう。

数年前のことですが、社員数80名の著名なＩＴ企業が「日本でいちばん大切にしたい会社大賞」に応募してくれました。手帳のある障がい者は1名だけだったので、応募基準に達していませんでしたが、欄外に「ただし手帳を保持していない障がい者が３名います」と記載されていました。

聞くと、「手帳をもっていない障がいのある社員は、いずれも高学歴で優秀なエンジニアです。前職時代、精神障がいを発症し、入社した転職社員です。定期的に通院し薬で抑えていますが、ある人は本人の強い希望で、ある人は家族の強い希望で、障がい者手帳をもっていません」とのことでした。

障がい者手帳の有無を雇用の判断材料にしない、柔軟な姿勢が必要です。

指標 7

障がい者施設や多数雇用企業に発注したり、物品やサービスを安定的に購入している

▼この指標に〇がつく企業の「強み」と、つかない企業の「弱み」

ある企業を訪問した時、視覚障がいのある女性が、自分のお腹あたりに何かを抱えて一生懸命作業をしていました。この女性は日系ブラジル人で、全盲でした。彼女がつくっていたのは、マグネットつきの小さな犬の首輪で、5個くらいの小さなビー玉に糸を通したものです。できあがった商品と作業する彼女を見て、私は涙が止まりませんでした。

間接雇用、みなし雇用で支援

障がい者雇用促進法で、障がい者の法定雇用率の達成を義務づけられている企業は約10万社です。わが国には大企業・中小企業を含め約350万社の企業がありますので、圧倒的多数の企業は、雇用の法的義務を負っていません。

規模の小さな企業は、職場のバリアフリー化など障がい者の受入れ体制が不十分、経営的にも余裕がない、などの理由からです。

しかし「日本でいちばん大切にしたい会社大賞」の応募基準は、社員数が43・5人未満の企業にも2つの選択肢を示し、その雇用を義務づけています。

ひとつは43・5人以上の企業同様2・3%の雇用をする。2つは、障がい者就労施設や多数雇用企業に安定的に仕事を発注するか、そこで生産・販売されている商品やサービスを安定的に購入する、です。

2つ目の方法は、「間接雇用」あるいは「みなし雇用」と名づけました。

「安定的に」としているのは、たまたまオーバーフローしてしまった仕事や、どこもやるところがないような、あまりに低単価の仕事を発注しても、かえって障がい者に負担をかけてしまうからです。

ともあれ、2つの選択肢を示したのは、障がい者を直接雇用しなくても、またできなくても、発注や購入を通じた間接的な雇用なら、できない企業はないはずだからです。

私が使っている点字名刺、名刺入れ、講義用のマグネットやチョークなど多くの備品は、障がい者施設で生産・販売されているものです。

では、「間接雇用」として、どれくらいの金額を発注あるいは購入すればいいのか。現在B型といわれる就労施設で働いている障がい者の1カ月当たりの工賃が約1万6000円なので、目安としては、最低でも年間で20万円以上と思います。

指標 8

特別支援学校（学級）等からのインターンシップを積極的に受け入れている

▼この指標に○がつく企業の「強み」と、つかない企業の「弱み」

障がい者を多数雇用している企業、障がい者が辞めない企業の経営者にうかがうと、「インターンシップの障がい者が、また就業体験に来たいと言う時は、その子が『この仕事が好きで、続けたい』と言ってくれているのだと理解することにしています」と言います。

障がいのある人が働きたいと思う企業が、悪い企業のはずがありません。

働くことを体験する場を積極的に提供

特別支援学校やその学級を無事に卒業しても、一般企業に就職できる人は半分もいません。多くは、A型とかB型と呼ばれる就労施設で、軽作業を行っていたり、生活介護施設に通所しています。

障がい者の雇用は、年々少しずつ増えてきているとはいえ、まだまだなのです。

また、せっかく一般企業に就職しても、何らかの理由で離職してしまう障がい者も数多くいます。

障がいの程度や種別にもよりますが、平均すると平均勤続年数は5~7年となっています。こうした状況が起こるのは、障がい者雇用に関係する企業側と学校側の双方に問題があるからだと思います。

企業側の問題でいえば、障がい者に関する無知や誤解があり、しかも雇用し、定着させ、育てるという思いが総じて弱いからでしょう。

一方、学校側の問題としては、企業というものについての知識不足や、就職を強く意識した教育が不十分であることがあげられます。

こうした問題を解決するひとつの方法が就業体験、つまりインターンシップの充実・強化です。中学校と高等学校の6年間に、可能な限り多くの企業や仕事を体験させてあげたほうがいいのです。

1年に、春休みと夏休みの2回インターンシップの体験をさせれば、6年間では12の企業と仕事を経験することができます。障がい者の選択肢は格段に広がるはずです。

インターンシップの受け入れ企業が、障がい者1人ひとりの都合に合わせて機械設備や治具を用意した「働く場」になっているかどうかなども、就業体験によって明確にわかると思います。

指標 9

地域住民のひとりとして、地域の美化や街づくり活動に取り組んでいる

▼この指標に○がつく企業の「強み」と、つかない企業の「弱み」

苦情のあるなしは別にして、企業は地域社会に少なからず負担をかけていると考えて経営をすべきです。負担をかけているにもかかわらず、地域の人々からは直接・間接の支援を受けています。だから企業は地域住民の一員として、可能な限り、地域社会に貢献すべきなのです。

地域に愛されない企業が顧客に愛されることはない

企業は法人なので、地域住民同様、地域社会の構成員のひとりです。ただ、個人である一般住民と異なり、法人は、地域社会への影響度において個人とは比較にならないほど大きなものがあります。

影響度は、企業の規模が大きくなればなるほど高まっていきます。具体的には、雇用面や納税面です。

企業が地域や社会に与える影響は、いいことばかりではありません。好むと好まざるとにかかわらず、負の影響も与えています。例えば、社員がマイカーで出勤する場合の出勤時の交通渋滞や騒音、排気ガスの発生、さらには生産活動による騒音や振動の発生などもあります。納品、出荷で出入りするトラックでも、同様のことが起こります。

業種によっては、異臭の発生などもあるでしょう。

これら負の影響はできるだけ小さければ小さいほどいいのですが、ゼロにすることは残念ながらむずかしいのです。

地域住民に気をつかって、企業が道路サイドにあるなら、交通渋滞をもたらす右折を社員に禁止するとか、駐車場へのバック駐車を禁止するなどのことは基本といえます。

清掃面では、社内はもちろんですが、企業周辺の定期的な清掃活動、地域団体が実施する美化活動への積極的参加なども大事です。

沖縄県のある企業は、那覇市の国際通り沿いに企業があります。同社は毎週金曜日、始業前の朝8時から9時までの約1時間、全社員が清掃道具を片手に、道路に落ちたゴミ拾いをしています。

これ見よがしに制服を着るのではなく、全員が私服で参加しているのも、この企業の立派なところです。

指標10

創業した地域社会や、お世話になった人々を大切にした経営を行っている

▼この指標に○がつく企業の「強み」と、つかない企業の「弱み」

ある会社は、今やその分野で国内を代表する企業に成長しています。社長は、以前勤めていた会社が倒産し、残務整理した後に現在の事業を立ち上げた人ですが、その経緯を見ていた知人が、エンジェルとなって創業資金を出してくれました。その支援がなければ今日はないと、社長は今も、故人の月命日のお墓参りは欠かさないそうです。

「おかげ」を忘れない経営

大半の会社は、ないないづくしの中から創業をしています。程度の差こそあれ、創業時には、家族はもちろん友人・知人など、多くの人々の支援を受けています。

しかし、ある程度規模が大きくなり著名になると、まるで自分ひとりでここまでにしたかのような言動をする経営者も少なからず見かけます。

そして、創業時にお世話になった人々のことを忘れてしまったり、新たなビジネスチャ

ンスを求めて創業の地の拠点を簡単にスクラップしたりします。地方を離れて大都市圏に、あるいは日本を離れて海外に新たな拠点を構えるという企業も少なくありません。

一方、どんなに著名な企業になっても、創業した地域や創業時にお世話になった人々のことを決して忘れず、大切にし、地元に本社や拠点を残して雇用を支え続けている企業もあります。

鹿児島県の過疎地域に立地するスーパーマーケットもその1社です。同社が立地する地域の人口は、ピーク時に比べてすでに半減していますが、地域住民の生活を支えるため、あえてこの地で事業を続けています。

たったひとりの顧客のために、1年に1個しか売れないものでも仕入れているため、扱い商品アイテムは何と40万点を超えてしまいました。

非効率な経営に見えますが、同社は創業以来、ほぼ一貫して業績を伸ばしています。それは、同社がずっとこの地で経営を続けられるよう、遠く離れた地域に住む人々がわざわざ買い物に来てくれるからです。もちろん同社が、遠方からでも来たくなるようなお店の魅力アップに努めてきたことはいうまでもありません。

社長に「人口減が進むと、拠点を移す必要性が出てくるかもしれませんね」と聞くと、「この町にひとりもいなくなるまで事業を続けます」とにこやかに話してくれました。

指標11

福祉施設などに対する支援活動を定期的に実施している

▼この指標に○がつく企業の「強み」と、つかない企業の「弱み」

横浜のあるリフォーム企業では、障がい者福祉施設で製造したパンの販売を支援するため、道路沿いにある本社事務所を改装してパンの販売場所を設け、同社の社員が本業の傍ら販売を支援しています。パンが売れ残った場合は、社員や会社が買い取り、いつもパンを運んだカートを「カラ」にして返すのだそうです。

情けは人のためならず

障がい者の就労施設や生活支援施設、高齢者生活施設、養護施設などは全国各地に数多くあり、そこで多くの人々が暮らしています。

中には、さまざまな事情があって家族と離れ離れで暮らしていたり、天涯孤独といった人々も多くいます。その人たちは決して望んでそうなったわけではありません。彼ら、彼女らは、私たちでもあります。

私たちが望むことは、当然、そこに暮らす人たちも望むことでしょう。

少しでもそうした環境にある人々の安らぎや楽しみの一助になればと、献身的に支援を続けている企業も少なからずあります。

浜松市にある社員数150名のサービス関連の企業は、毎年クリスマスイブに、施設を慰問しています。社員がサンタクロースの服装をして、クリスマスケーキや子供たちへのプレゼントを配るのです。節分の日は、鬼の面をかぶって扮装した社員が施設を訪ね、鬼の役になって豆まきをします。

都内の社員数6000名の大企業は、本社ビルが川沿いにあることから、「隅田川花火大会」の日には近隣の障がい者施設や高齢者施設で暮らす人々を招待、皆さんに花火を楽しんでいただいています。

こうした善意の活動が、福祉施設や地域に対する貢献であることはもちろんですが、企業にとっても大きなプラスになります。

まず、こうした活動はぎりぎりの経営ではできないので、余裕のある経営に自ずと落ち着いていくでしょう。また、見返りを求めず、善意のみで活動している企業の姿は、地域の人々から信頼と好感をもって見られます。すると社員は、その企業で働いていることを誇らしく感じます。そこに「よい循環」が生まれてくるのです。

指標 12

地域団体や地域住民の求めに応じて企業の施設を開放している

▼この指標に○がつく企業の「強み」と、つかない企業の「弱み」

長野県にあるＩ社の本社は、まるで公園のようです。大きな企業ですが塀や柵もなく、守衛所もありません。３６５日、誰でもが敷地内を散策することが可能なのです。敷地内にあるイベントホールは、地域の芸術家の卵やボランティア団体のさまざまなイベントに無償で提供しています。地域住民にとっては、自分の会社と同じです。

経営資源は地域のためにも使う

企業といえども地域住民のひとりですから、地域の求めに応じて企業のもつハード・ソフトなどの経営資源を提供するのは当然です。

地域団体の会合に会議室を提供したり、福利厚生施設を開放したり、駐車場を周辺住民に提供するなどのことが考えられるでしょう。パソコンやプロジェクターなどを貸し出すのも一案です。

使用料は何十万円とかかるわけではないでしょうから、原則無料でいいでしょう。もちろん、物理的に限界があるのなら仕方ありません。しかしさほど問題がないのに、そうしたことを嫌がる企業も少なからずあります。

それどころか、広い敷地の周囲に高い壁を構築し、近隣の人々と企業を遮断しているような光景を見ることもあります。

駅周辺や商店街の中に、広い駐車場を保有しているのに、土曜日や日曜日は鎖を張りめぐらして、利用を拒絶する企業もあります。

もちろん企業にも言い分があるでしょう。もし敷地内や事務所内で事故や事件が発生した時には、誰がその責任をもつのか、設備機器の使い方がまずくて損傷してしまったらどうするのか、施設を開放するには担当者が出勤しなければならなくなるが、休日出勤扱いになるのか、等々、さまざまな言い分があると思います。

しかし、施設を借りる地域団体は、見ず知らずの団体ではないのです。中にはその家族の誰かが、その企業に勤務しているかもしれません。場合によっては、地域団体のメンバーの中に、企業の商品の熱烈なファンがいるかもしれません。

地域と企業を切り分けて考える経営は、地域住民の協力という、企業にとって大切な経営資源を自ら失うことを意味します。

指標13

仕入れや外注は地域内企業を優先している

▼この指標に○がつく企業の「強み」と、つかない企業の「弱み」

「日本でいちばん大切にしたい会社大賞」受賞企業は、「安ければどこでもいい」という考えで取引はしません。お世話になった地域を支えるためにも、地域からの仕入れや地域企業への発注を意識して行っています。取引を通じて地域経済に貢献するとともに、地域内に助け合いのネットワークをつくっているのです。

地域が潤えばわが社も豊かになる

経営学的に言えば、仕入れや外注は、国内はもとより世界中で、Q（品質）・D（納期）・C（価格）が最も優秀である企業に依頼するのが常識です。

近年では、QとDは当たり前で、Cこそが最も重要と「世界一安い購買」を推進している企業も多く見られます。インターネットで世界のどこへでも発注できますし、大手電気関係のメーカーを中心にして「全体最適」をキーワードに、経営を進めてきた経緯があるからです。

このため良い・悪いは別として、かつては地域内に強固に形成されていた産業組織ネットワークが、今日では実質的には解体されているといっても過言ではありません。

新潟県に、社員数１３０名の各種機械メーカーがあります。外注先企業は現在約30社ありますが、そのほとんどは地元企業です。地元以外からの調達は、地元では生産・販売していないものしかありません。

優良ブランド企業ですから、地域外の企業から「当社に発注をしてくれれば、今の価格の半値で納品することが可能ですが」といった売込みもかなり多くあるそうです。しかし、「いま取引している地元企業がある限り、そこから仕入れますから」と、すべての申し出を断っているそうです。

同社の仕入先や協力企業の取引歴は総じて長く、中には90年以上の企業もたくさんあるそうです。

「好況時も不況時も当社を支え続けてくれている仕入先や協力企業は、これからも、よきパートナーとして、支え続けていきます」と社長は語ってくれました。

近江商人の「三方よし」とは、売り手よし、買い手よし、世間よしですが、同社の信念はまさに、「世間（地域）よし」そのものです。

指標 14

地域貢献・社会貢献のための担当部署や委員会があり、毎年予算化している

▼この指標に○がつく企業の「強み」と、つかない企業の「弱み」

地域貢献活動や社会貢献活動を安定的・継続的に実施していくためには、全社的なコンセンサスが必要不可欠です。それを推進する組織を明確にしておかなければ、社員はみんな「誰かがやってくれる」と思ってしまい、長続きしません。継続的貢献は地域から信頼・評価を得るとともに、地域住民でもある社員は自社を誇りに思います。

社会貢献がよい社員を育てる

社会的公器である企業が、日ごろお世話になっている地域や社会に貢献することは当然です。経営的に余裕があるから、ないから、といった問題ではありません。経済的に貢献できなくても、人を通じた貢献、企業であるからこそできる貢献には、さまざまなことがあるからです。

そのための推進組織が存在する大企業は、以前よりは多くなっています。ただ中小企業

の場合は、そのための専任組織をもつのはむずかしいので、横の組織、つまり委員会組織を立ち上げ、そこが全社を牽引するということでいいでしょう。

浜松市に本社がある、社員数45名の企業があります。

地元では、地域貢献・社会貢献に熱心な企業として高く評価されている企業ですが、同社には、「地域貢献推進部」という組織があります。この組織は、縦の組織ではなく横の組織、つまり委員会のような部署です。

もう少し詳しく説明しましょう。同社には「総務部」「工事部」「設計部」の３つの部がありますが、地域貢献推進部は、この３つの部の部長と、各部の1名の計６名で構成された組織です。もちろんこの６名は、全員兼務です。

1週間に1回、部内会議を開催するほか、必要に応じて会議は招集されます。この部の予算は、年度計画で大枠が決められ、近年は人件費を別として１０００万円程度とのことです。同社の売上高は20億円なので、売上の０・５％です。

同社は、地域社会からの評価が抜群です。その理由は、工事の技術力もさることながら、こうした活動があるからでしょう。積極的な地域貢献や社会貢献は、社員のモチベーションを高める上でも大きな効果を発揮します。心優しい社員は「他人の喜びをわが喜びとする」という、マズローの法則でいえば「欲求の第六段階」に入っているからです。

指標 15

地域内外の災害に対しては、現地に出向いて支援活動をしたり、企業の施設を開放している

▼この指標に〇がつく企業の「強み」と、つかない企業の「弱み」

郡山市に本社をもつ社員数40名の企業があります。同社は建設業が本業ということもあり、災害救助を求めている会社や人々がいると、すぐに社員の1割が仕事を止め、そこに駆けつけています。郡山市では「災害のK社」といわれるくらい著名です。いつも先頭に立ち、ショベル片手に泥だらけで頑張っている社長は「恩送り」と言っています。

災害時には民間企業の協力が大事

地震や津波などの自然災害は、人々はもちろん、地域の生産や生活インフラなどに大きな被害をもたらします。大規模な災害の場合は、地域や企業等に及ぼす影響も甚大です。

そうした災害現場に一番に駆けつけ、人名救助や復興支援してくれるのが自衛隊や消防、警察などです。

しかし、災害の規模が大きく、かつ同時多発した場合には、こうした公的機関の対応だけでは限界があります。しかも特に深刻な被災場所を優先するので、全体を同時に、というわけにはいきません。

こうした時、企業の力は大きいと思います。

特に、土木建設関連の仕事を業としている企業や、物流を業としている企業、さらには食品の製造を業としている企業の役割は大きいといえるでしょう。全国各地で発生した災害で支援を求めている人がいれば、地域を問わず、支援に駆けつけることが、社会的公器である企業の使命だと思います。

中には、自身も被災者であるにもかかわらず、地域で操業する企業として、使命感をもって救助、復興に尽力する企業も少なくありません。

地域内で災害が発生した場合は、被害のなかった、あるいは少なかった企業の建物や敷地を、地域住民に避難所などとして提供することも重要です。災害時、自社の社員とその家族を守ることは当然ですが、地域住民の安全な避難にも応えられるよう、ある程度施設を整え、水や食料などを備蓄しておくことができればいいと思います。

「日本でいちばん大切にしたい会社大賞」受賞企業で、熊本市に本部のある医療法人では、あの熊本地震の際に病院を避難所としていち早く提供しました。

価値ある企業かどうかは、困難な時によくわかります。

指標16

地域住民や教育機関、産業団体からの求めに応じ、企業見学を積極的に受け入れている

▼この指標に○がつく企業の「強み」と、つかない企業の「弱み」

同業種企業や異業種企業、専門家・教育機関などを問わず、視察希望者が多いことは、いい企業の条件です。学ぶ価値もない企業に、わざわざ視察に行く人はいないからです。その意味では、希望する人がいれば可能な限り受け入れたほうがいいでしょう。そこから新たなビジネスの扉が開かれることもあるからです。

企業は常にドアを開けておく

なぜ企業視察の希望者を可能な限り受け入れたほうがいいかといえば、訪れた人から逆に学ぶことも少なくないからです。視察をきっかけとして、取引がスタートしたというケースもあります。

学生が参加する企業視察会では、視察を契機に入社したという人もいます。

ところが特別な人以外は、頑として視察を受け入れない企業もあります。「技術を盗ま

れてしまうから」とその理由を説明する企業もありますが、見ただけで盗まれてしまうような技術が本物の技術とは、とても思えません。

本音は、商売にならないような人には来てほしくない、時間の浪費だと思っているからでしょう。

しかし、そうした企業もかつては、他社を視察したことがあるはずです。日本を代表する大企業も、創業したばかりの頃には、国内外の企業を視察してよいところを参考にし、成長のきっかけをつかんだ、というケースは数えきれないほどたくさんあります。

企業視察を受け入れるかどうかを、商売になる、ならないで判断したり、手間暇を惜しむ企業は、恩返しや恩送りを忘れてしまっているのです。

逆に、視察希望者を受け入れない考え方は、損をしているとしかいえません。視察者の中には、アッと驚くような優れた人も少なからずいるからです。

視察者を受け入れるための準備や時間は大変でしょうが、「来てくれるだけでもありがたいです」「当社も、何もわからない頃、先進企業を視察させていただき学びました」と言ってくれる経営者が世の中にはたくさんいることを、肝に銘じるべきだと思います。

指標17

自社の生産・販売活動に伴う地球環境への配慮を年々高めている

▼この指標に○がつく企業の「強み」と、つかない企業の「弱み」

国連が主導するＳＤＧｓ（持続可能な開発目標）は世界的な潮流となっています。行政や大企業がさまざまな対策を取ろうとしている今、環境配慮は取引上のパスポートともいえます。地域住民への貢献から、さらに世界の人々に視野を広げることで、企業は社会から信頼というお礼を受け取ることができます。

環境配慮は社会的公器である企業の必要条件

ＣＳＲ（企業の社会的責任）の３本の柱は、経済・環境・社会です。環境への配慮は、企業にとって不可欠な経営テーマといえます。企業にとっての環境配慮には、「リスクの削減」と「チャンスの創出」という両面があります。

「リスクの削減」とは、法令を遵守し、環境負荷を低減することです。水質汚濁防止法、廃棄物処理法、省エネルギー法などの関連法令を順守することは当然ですが、それだけではなく、排水の水質を改善する、廃棄物の量を低減する、省エネルギーに注力するなど、環境負荷を低減することは、同時にコストダウンにも寄与します。

「チャンスの創出」とは、環境をビジネスに取り入れることです。

日本で16%を占める、環境や健康に関心の高いLOHAS層と呼ばれる人々の消費行動の特徴は、環境に配慮した商品やサービスであれば、高い価格を払っても購入することです。

北海道の、社員数わずか7名の印刷企業もその1社です。

同社は、ペットボトル再生名刺からスタートし、今はバナナの茎を原料としたバナナペーパー名刺や間伐材ペーパー名刺などのエコ名刺を製作・販売しています。

バナナペーパーは、ザンビアで貧困層の雇用を生み出す社会貢献にもなっています。もちろん通常の名刺と比べると安くはありませんが、企業イメージの向上や名刺交換時の話題性の効果もあり、顧客は北海道から沖縄県まで5万人を突破し、しかもそのリピート率は88%という高さです。

環境をテーマに、他社と差別化し、安売り競争から脱却した好事例といえます。

ちなみに、これらの指標は「年々高めている」として、数値目標化していません。環境との関わりは企業によって極端に状況が異なる上、より重要なことは「継続的改革」だからです。

指標 18

地域住民から子供や孫を就職させたい企業と言われることが時々ある

▼この指標に○がつく企業の「強み」と、つかない企業の「弱み」

究極のいい会社とは、社員や地域住民、さらには仕入先・協力企業の社外社員から、自分の息子や娘、兄弟、孫などの大切な親族に、就職を勧めたいと思われるような企業です。社員であれ、社外社員であれ、地域住民であれ、本当にいい企業だと思わなければ、親族に就職を勧めることはありません。

地域住民は最も正確な企業の評価者

誰かに対してひどいことをするような企業、または自分自身が何度も理不尽な思いをした経験があるような企業に、大切な人を就職させたくはありません。

長年勤務していたり取引したりしていれば、あるいは長年地域に住み、直接・間接その企業の経営の考え方・進め方を見ていれば、その企業の真実・本性はよくわかります。

お世話になっている地域社会に対して、少し変えれば改善できるのに迷惑をかけ続け、それで平気な顔をしている企業には、自分の子供や孫を就職させるなど考えられないはずです。

埼玉県に、社員数１００名の鋳物屋さんがあります。同社の社員食堂の運営は専門業者に委託していますが、たまたま、その厨房に、すでに20年以上勤務しているパート職の女性がいました。その女性の娘さんは、大学を卒業すると同社に就職しました。

娘さんは優秀で、わが国を代表する著名な大企業から複数、内定通知をもらっていました。しかし、「私が毎日働いているY社は本当にいい会社だよ。20年間見ているけれど、老若男女を問わず、みんな楽しそうに仕事をしている。ここで仕事をすれば、きっと幸せな毎日になると思うよ」というお母さんの言葉で就職を決めたそうです。

別の企業の話ですが、福祉関係の、社員数50名の企業にある日、女子高校生がボランティアをしたいと訪ねてきました。

「なぜですか」と聞くと、その女子高校生は「実は私の母は、ここで介護の仕事をしています。仕事から帰ってくると楽しそうな顔をして、職場の自慢をするのです。いったいどんな会社なのか、興味があってお願いにうかがいました」と答えたそうです。

著名な大企業でも、地域で評判の悪い会社には、社員の親族はほとんど入社しません。社員たち自身、自分にとって大切な人の将来を託す気にならないからでしょう。

指標19

ボランティア休暇制度があり、毎年誰かが取得している

▼この指標に○がつく企業の「強み」と、つかない企業の「弱み」

社会的公器である企業は、ボランティア活動を行おうとする社員を支援する「ボランティア休暇制度」を導入すべきです。社員のモチベーションや人間力が高まるとともに、ボランティア活動のノウハウが蓄積されるからです。「社会や地域を大切にしている企業」として、イメージアップにもなるでしょう。

余裕のない企業によい仕事はできない

ボランティア休暇制度とは、社員が自発的に、無報酬で、社会に貢献する活動を行う際に、その活動に対して付与される休暇のことをいいます。

ですから「社会貢献活動休暇」とも呼ばれます。

ボランティア休暇は、有給休暇や育児休業・介護休業などの、労働基準法で定められた、いわゆる「法定休暇」ではありません。

企業が、その必要性に応じて独自に設ける休暇制度です。ですから「法定外休暇」とも呼ばれます。ちなみに、このほかの法定外休暇には、夏季休暇、病気休暇、リフレッシュ休暇、教育訓練休暇、記念日休暇、慶弔休暇などがあります。

厚生労働省の資料で、こうした特別休暇の実施状況を見ると「特別休暇制度がある」企業は全体の59％です。

特別休暇の内訳は、「夏季休暇」が42・9％、「病気休暇」が25・7％、「リフレッシュ休暇」が13・1％、「教育訓練休暇」が5・8％、そして「ボランティア休暇」が4・5％となっています。

社会的には、ボランティア活動が活発になってきていますが、企業として「ボランティア休暇制度」を導入している企業は、まだ5％にも満たないのです。

その付与休暇日数ですが、企業によって千差万別で1日から最長2年という企業もあります。

休暇期間中の賃金支給は、「全額支給」が79・4％、「一部支給」が8・0％、「無給」が12・7％です。

ボランティアという、商取引から離れた活動の経験は、多様化の進む現代にあって、当の社員にとっても企業にとっても、貴重な財産になると思います。

指標 20

社会貢献活動を、企業経営の重要な役割と戦略的に位置づけている

▼この指標に〇がつく企業の「強み」と、つかない企業の「弱み」

近年の企業の経営理念や社是には、社会貢献活動を盛り込んだものが多く見られるようになってきています。社会貢献活動が、企業経営における重要な活動と位置づけられている企業では、社員のモチベーションもアップするからです。地域社会への責任を意識する経営は、企業を強くする効果もあるのです。

いい企業には志のある社員が集まる

日本での社会貢献活動は、2000年代から活発になった企業のCSR活動の一環として行われるようになりました。

CSRとは、企業が利益を追求するだけではなく、組織活動が社会に与える影響に責任をもち、社会全体からの要求に対して、適切な意思決定をすることです。

2011年3月11日に発生した「東日本大震災」をきっかけに、経営者や社員の企業の

あり方に対する見方・考え方も変化していき、それ以降、日本での社会貢献活動は活発になっていきました。

これは、社員の意識変化も大きいと思います。

自分が働いている企業が社会から必要とされ、真に役に立っている「いい会社」であってほしいという意識をもった社員が、多くなってきているからです。

社会貢献活動で、私が最も注目している企業の1社が福岡県にあります。同社は、現社長の祖父が戦後引揚者として地元に帰り、地域への恩返しとして、地元の業者と競合しない事業を起こしました。それまで日本には存在していなかった画期的な食材を、苦労に苦労を重ねて開発したのです。

しかし創業者は、その製法特許や商標登録をいっさい申請しませんでした。

それどころか逆に、仕入れに来る業者にも惜しむことなく製法技術を伝授したのです。その結果、福岡県はその食材の、全国最大のメッカに成長していくことになります。

同社の地域貢献は、こうした企業姿勢だけではありません。地域の文化芸術活動や慈善活動に、寄付などを通じて支援活動も行っています。支援は人的・物的・金銭的に行われますが、「利益の10%を支援活動に当てる」ことを企業の基本方針として、実行し続けているのです。

○ or ×	採点表 地域住民や障がい者など社会的弱者に関する指標 ○…1点 ×…0点	点数
	1 障がい者を法定雇用率以上に雇用している	
	2 過去3年間に新たに障がい者を雇用した	
	3 特別な理由がない限り、障がい者も正社員（無期雇用社員）として雇用している	
	4 重度障がい者または精神障がい者を正社員として雇用している	
	5 最低賃金の除外申請をしている障がいのある社員はひとりもいない	
	6 本人や家族の希望により、障がい者手帳の有無にかかわらず、健常者として雇用している	
	7 障がい者施設や多数雇用企業に発注したり、物品やサービスを安定的に購入している	
	8 特別支援学校（学級）等からのインターンシップを積極的に受け入れている	
	9 地域住民のひとりとして、地域の美化や街づくり活動に取り組んでいる	
	10 創業した地域社会や、お世話になった人々を大切にした経営を行っている	
	11 福祉施設などに対する支援活動を定期的に実施している	
	12 地域団体や地域住民の求めに応じて企業の施設を開放している	
	13 仕入れや外注は地域内企業を優先している	
	14 地域貢献・社会貢献のための担当部署や委員会があり、毎年予算化している	
	15 地域内外の災害に対しては、現地に出向いて支援活動をしたり、企業の施設を開放している	
	16 地域住民や教育機関、産業団体からの求めに応じ、企業見学を積極的に受け入れている	
	17 自社の生産・販売活動に伴う地球環境への配慮を年々高めている	
	18 地域住民から子供や孫を就職させたい企業と言われることが時々ある	
	19 ボランティア休暇制度があり、毎年誰かが取得している	
	20 社会貢献活動を、企業経営の重要な役割と戦略的に位置づけている	
	合計	

18点以上　超優良　　12〜15点　平均

16〜17点　優良　　11点以下　改革・改善が急務

第5章

盤石な経営に関する指標

指標 1	非価格競争商品が70％以上ある
指標 2	最大の取引先や商品の売上高比率は20％以下である
指標 3	売上高対研究開発費比率は１％以上である。または正社員の10％以上が研究・開発に日常的に従事している
指標 4	自己資本比率は50％以上である
指標 5	借入金月商倍率は１.５倍以下である
指標 6	内部留保金は年間総人件費の３倍以上ある
指標 7	流動比率は200％以上である
指標 8	全社員が参画し策定された中長期の経営ビジョンがあり、発表会も開催されている
指標 9	景気や流行は追わず、急成長・急拡大経営もあえてせず、年輪経営をベースとしている
指標 10	売上や生産目標は、腹八分経営をベースとしている
指標 11	「一方的なコストダウン要求をしてくる」「支払いを手形で行う」など、理不尽な取引を強いる企業とは原則取引をしない
指標 12	社員持ち株会があり、希望する社員は保有できる
指標 13	経営者は自身の定年を心得、後継者を育てる努力を計画的にしている
指標 14	法律・税務・労務・健康・経営についての専門家と契約している。あるいは問題の解決策を助言する個人がいる
指標 15	全正社員に占める本社社員比率は５％前後以下である
指標 16	自社独自の情報システムが構築され、機能している
指標 17	社員1人当たり年休日総数は125日以上である
指標 18	外国人社員がいる。または輸出入も行っている
指標 19	女性の管理職比率は30％以上である
指標 20	５人の幸せが匂う経営理念があり、全社員の言動のモノサシになっている

採点は２４８ページで行ってください。

●なぜ盤石な経営に関する指標が大事なのか

企業は、社会に迷惑をかけてはいけません。

最大級の迷惑は、企業を潰すことです。企業倒産は、経営者はもちろんのこと、そこで働く社員とその家族を路頭に迷わせ、仕入先、外注先にも多大な迷惑をかけるなど、多くの人を不幸にするからです。

ですから、企業経営で最も気をつけなければならないのは、「企業を危うくしないこと」です。

企業を潰さないためには、利益が必要です。継続させ、安定させ、適正な利益を得ることが、いわば経営手腕です。盤石経営とは、安定的に、安定した利益を確保する経営、ということになります。

ただ、ここで大切なのは、利益の意味を勘違いしないことです。誤った利益のとらえ方をすると、企業は正しい利益を得ることができません。

誤った利益のとらえ方とは、利益を経営の「目的」に位置づけることです。利益は目的ではありません。

利益とは、企業が生きていくための手段であり、社員とその家族を幸福にするための手段であり、地域社会に貢献するための手段です。顧客に一段上の幸福を提供する製品・

サービスを開発するための手段であり、社外社員に報いるための手段です。そして、未来の利益を創造するための手段でもあります。

●正しい競争をしよう

企業は競争の中で生きていますから、継続し安定した利益を上げ続けるためには、競争に負けることはできません。ただし競争には、健全な競争と、やってはいけない競争があります。やってはいけない競争とは次の4つです。

1、行きすぎた社員間の競争——社員間の競争を煽れば、組織からぬくもりが消え、お互いさま風土、助け合い風土が失われ、結果として組織の力を落とします。

2、企業間のランキングやシェア競争——ランキング、シェア争いは無理な成長や効率の追求を招き、社員、取引先、顧客を犠牲にします。

3、行きすぎた価格競争——価格競争は主要コストである人件費、原材料費、仕入高の削減につながり、必ず誰かを犠牲にします。

4、品ぞろえ競争——中小企業は、「幅」より「深さ」で勝負すべきです。

では健全な競争とは何か。

それは、以下の「盤石な経営に関する指標」で競うことです。

指標 1

非価格競争商品が70％以上ある

▼この指標に○がつく企業の「強み」と、つかない企業の「弱み」

私たちはかつて、「非価格競争」に関する調査をしたことがあります。その結果、「非価格競争型企業」の割合はわずか19％にすぎず、残り81％は「価格競争型企業」であることがわかりました。当時の日本の企業の赤字企業比率は、全体の73％前後です。これらの数値を検討した結果導かれたのが、「価格競争をしている企業の大半は赤字である」という結論でした。

「どこよりも安い」は自慢にならない

企業の競争力は、大きく分けて価格競争力と非価格競争力の2つがあります。

価格競争とはいうまでもなく低価格を売り物にした経営であり、非価格競争とはデザイン、新商品、サービス、ビジネスモデルなどの、価格以外の価値を売り物にした経営です。

どちらが企業経営にとっていいかといえば、非価格競争に決まっています。

価格競争は、いつも相見積もりや競争見積もりにさらされ、他社の出す価格に一喜一憂して経営が不安定になるばかりか、場合によっては価格競争に敗れ、受注ができなくなる場合もあるからです。しかも、仕事を取った・取られたといった「喧嘩ビジネス」となり、やがて仲間を次々に失ってしまいます。

一方、非価格競争は、他社の価格がどうであっても、それほど気にすることなく、よりよい商品の製造や販売に注力でき、経営の安定化をはかることができます。

ですからすべての企業が、非価格競争商品を少しでも多くもてるような経営をすべきでしょう。

近い将来には、まず扱っている商品の半分が、それを達成したら次に80%以上が非価格競争商品で構成される経営をめざすべきだと思います。

そして、そうした経営の担い手は、他でもない社員です。非価格競争を牽引できるような価値ある人財を確保・育成し、定着させることが一段と重要になります。

ちなみに、「日本でいちばん大切にしたい会社大賞」受賞企業の大半は、価格ではなく非価格競争を武器にして生きています。ですから、無理難題を言うような企業や顧客の仕事は、こちらから辞退しているのです。

指標 2

最大の取引先や商品の売上高比率は20％以下である

▼この指標に○がつく企業の「強み」と、つかない企業の「弱み」

特定の企業や特定の商品に過度に依存した経営は危険です。企業間競争の激化の中で、商品や生産拠点、調達戦略の見直しなどにより、仕事が激減してしまう恐れがあるからです。「日本でいちばん大切にしたい会社大賞」受賞企業には、最大の取引先の売上高比率が１％の企業もあり、中には０・１％という企業も存在しています。

コスト高でもあえて多品種、多社取引を選ぶ理由

売上高の大半を、ある特定の企業や商品に頼っている企業があります。A社への売上高比率が80％だとか、Bという商品の売上高比率が90％といった企業です。

こうした企業は営業・販売先が決まっているので、受注のための活動はあまり必要がありません。大口の取引先や業界で求められる技術力、管理力、情報力の充実と強化に努めていればいい、という利点があります。

一方、大きなリスクもあります。商品にはライフサイクルがありますから、市場でメジャーとされている主力商品でも、いつかは退くこととなります。イノベーションによって商品が旧式と見なされることもあるし、特許商品でも、特許が切れたとたんに類似商品が大量に市場に流れ込んできたりするからです。

また、主要取引先が業績不振に陥れば、大幅なコストダウンを要求されたり、発注していた仕事を内作する、といったことも十分に起こり得ます。

「取引先は多いが、扱い商品が限られている」という場合も同様です。例えば取引先は10社で、最大取引先の比率も20％しかないというケースでも、取引先がすべて同一業種であれば、扱い商品が陳腐化した時には、その落ち込みがいっせいにきます。

ですから、取引先を増やすのはもちろん、扱い商品も多くの市場に分散して販売することが重要なのです。

多くの取引先や複数の市場との関係をつくると、特定企業と取引を続けるのとは異なり、常に営業・販売の努力をし続ける必要があります。管理費は高くなり、その結果、利益率は少々低下するかもしれません。

しかし、経営を安定させるためには、アンバランスな経営ではいけません。マイナス面のハードルをクリアして、取引先も市場も分散すべきです。

指標 3

売上高対研究開発費比率は1%以上である。または正社員の10%以上が研究・開発に日常的に従事している

▼この指標に○がつく企業の「強み」と、つかない企業の「弱み」

研究開発費など未来への投資は、どんな時代においても惜しむことなく行い続けることが必要不可欠です。研究開発は将来の収穫を期待した種まきだからです。種まきをすれば少しでも収穫の可能性がありますが、しなければその可能性はゼロ。盤石経営とは、未来も盤石にする経営です。

未来の利益を創るには一定の費用が必要

費用には、今日の経営のためにかける経費と、明日の経営のためにかける経費の2つがあります。前者は現在経費といい、後者は未来経費といいます。

人件費や製造・販売経費など、今日の生産や販売にかかる経費は現在経費です。新商品開発や新システム開発などの研究開発費や市場調査費は未来経費です。

一般的に現在経費は、かければかけるほど売上高や生産高は高まります。未来経費は現

在経費とは異なり、かければ必ず成果が出るというものではありません。また、その成果が表れるのは10年以上先のこともあります。しかし、未来の収益を創る費用を惜しんでは、持続的に成長する企業はつくれません。

では未来経費は、どの程度かける必要があるのでしょうか。

未来経費額の基準を考える時、そのモノサシは2つあります。ひとつは、売上高に対する研究開発費の割合です。そして、もうひとつは、研究開発に従事する社員の、全社員に占める割合です。

前者、つまり売上高対研究開発費は、人件費を除き最低1%以上が必要です。

この数字は最低値なので、可能であれば1%より3%、3%より5%のほうが望ましいでしょう。中には10%以上の、まるで研究機関のような企業もあります。

私たちは、この比率と企業の業績との相関を調べたことがあります。決定的な分岐点となったのが、「1%以下企業」と「1%以上企業」の違いでした。

なお、もうひとつの研究開発人財の割合ですが、少なくとも5%、できれば10%前後以上が望ましいでしょう。中には30%とか50%といった企業もあります。

社内でこの割合を実現することがむずかしい場合は、大学や研究機関、あるいは他社との共同研究や委託研究で実施すればいいと思います。

指標 4

自己資本比率は50％以上である

▼この指標に○がつく企業の「強み」と、つかない企業の「弱み」

「中小企業実態基本調査」（平成30年）によると、自己資本比率は建設業が40・8％、製造業が45・6％、運輸業が40・8％、小売業が36・2％、そして宿泊業・飲食サービス業が20・8％となっており、総平均では40・5％です。業種・社歴にもよりますが、最低でも50％程度、さらにいえば70％以上が強い企業です。

強い企業をつくる条件

企業財務の評価は、安全性（健全性）、収益性、生産性、成長性、そして将来性の5つから行われますが、最も重要なのは安全性（健全性）です。

「衣食足りて礼節を知る」ではありませんが、財務内容が劣悪だと常に不安な経営にならざるを得ず、収益や将来のことまで考える余裕などなくなるからです。

また、企業経営の最大の使命と責任は、社員とその家族の幸せの追求・実現であり、そのためには、企業を潰さないことがいちばん大切だからです。

企業経営の安全性、特に財務の安全性・健全性を見るモノサシはいくつかありますが、その代表格は自己資本比率です。

自己資本比率とは、総資本に占める自己資本の割合のことです。総資本は自己資本と他人資本の合計なので、この割合は高ければ高いほど、財務の安全度・健全度が高い、「いい会社」ということになります。

逆にこの自己資本比率が10％とか20％といった企業は、他人資本、つまり総資本に占める借金比率が90％とか80％ということになり、これではあまりに借入資本依存の財務体質です。こうした借金依存の経営では、好況でも不況でも、企業の資金繰りに関係なく、毎月、元金とその借入利息は支払う必要があるからです。

借金を返済するためにまた借金をするという、まるで蟻地獄のような状態に陥っている企業が少なからずあります。

自己資本比率を高める経営で重要なのは、身の丈経営・年輪経営を継続し、急成長や急拡大といった膨張経営を避けることです。借金に依存するような売上計画・設備投資計画は立てず、利益の分配基準を明確にし、年々少しでも自己資本比率を高めていく経営が求められます。

指標 5

借入金月商倍率は1・5倍以下である

▼この指標に○がつく企業の「強み」と、つかない企業の「弱み」

借入金月商倍率とは、無理をしない経営、過剰投資にならない経営のための目安です。企業によっては借入金に対する返済余力（能力）を見る指標であり、金融機関においては、その企業への融資金額の目安を見る指標です。急成長・急拡大経営は、資金繰りが追いつかない資金ショートの危険を伴い、資金ショートは最悪、倒産の原因となります。

借入金月商倍率は盤石経営の要

企業の財務や経営の安全性・健全性を見るモノサシのひとつに、借入金月商倍率という指標があります。＜借入金÷月平均売上高＞で求められます。借入金は、短期と長期の借入金残高と割引手形の残高を合計したものです。

例えば、借入金残高が5億円の企業の月平均売上高が2億円の場合は、月商の2・5倍の借入金があることになります。

この指標の見方は、業種・業態やその企業の総合力などによって大きく異なりますが、一般的には小売業や製造業等は3倍、つまり3カ月以下がいいといわれています。ただ、健全な経営を続けるためには、月商の1・5倍以下がいいでしょう。

つまり、年商が12億円の企業は、月商が1億円なので、借入金は1・5億円以下が望ましいということです。もし、すでに1億円の借入金があるのなら、新規借入は5000万円以内にしたほうがいいでしょう。

正しいのは、急成長・急拡大をしない経営です。そのためにも、借入金月商倍率を意識した経営は重要だと思います。

「借金をしてでも事業を拡大する」と言う経営者もいますが、借入れを増やせば金利負担も増えるので、慢性的な「売上あって銭足らず」の状態に陥る恐れもあります。

企業の成長に最も大切なのは人財です。資金は金融機関などから借りてくることができても、人はすぐには育ちません。借金で事業を拡大しようと考える経営者は、この点がすっぽり抜け落ちているように見えます。

「日本でいちばん大切にしたい会社大賞」受賞企業は、実質無借金経営が大半で、借入金月商倍率はほとんどの企業が1・0倍以下、中には0・5倍以下という企業も数多くあります。

指標 6

内部留保金は年間総人件費の3倍以上ある

▼この指標に○がつく企業の「強み」と、つかない企業の「弱み」

万が一に備えた内部留保金を蓄えておくことは、非常に重要です。内部留保金は、将来の設備投資のためという目的もありますが、最大の役割は、社員とその家族の命と生活を守るための原資です。万が一の場合はリストラをするのではなく、内部留保金を取り崩して社員の命と生活を守らなければなりません。

国に3年の蓄えなくばこれを国といわず

企業経営の最大の使命と責任は、社員とその家族の命と生活を守ることです。そのためにはリストラはもちろんですが、企業を決して潰してはいけません。

しかし企業経営では、需要環境の変化、供給環境の変化、競争環境の変化などによって、程度の差こそあれ業績はブレます。

まして東日本大震災や、新型コロナウイルス感染拡大などが発生した場合は、その状況はきわめて深刻になってしまいます。

経営に必要なのは、そうした激変、特に業績の大幅なダウンを想定して覚悟し、準備しておくことです。大きな変化があった時に大慌てするような経営をしていたら、社員とその家族の命と生活を守ることなど、とうていできないからです。

業績の激減に対処する方法は、営業力や生産力、開発力の強化ではなく、財務力の強化です。つまり、売上高が半減どころかゼロになってしまった場合でも、耐えられる資本力・財務力が求められるのです。

大不況・大混乱の時代は、動けば動くほど体力は消耗し、出血も伴います。だからといって無理な受注をすれば、かえって社内を混乱させてしまいます。

じっと耐えて機会を待つことができるだけの兵糧、つまり内部留保で、しばらくはしのがなければなりません。

では、どのくらいの内部留保金を持っていればいいのか。

私は、社員に年間で支払う人件費総額の、最低1年半分は用意しておくべきだと思います。理想は3年分以上です。過去70年間に国内で発生した不況期間は、例外を除くとおおむね15カ月前後でした。また、最長の不況は3年も続いたことがありました。だから最低でも1年半分くらい、できれば3年分以上の内部留保金が必要なのです。

指標 7

流動比率は200%以上である

▼この指標に○がつく企業の「強み」と、つかない企業の「弱み」

流動資産の中でも、現金預金はともかくとして、売掛金や受取手形は、相手の都合によって現金化されないことがあります。在庫の商品も、1年以内に必ず売れるかどうかはわかりません。ですから流動比率は、余裕をもって最低でも150%前後、できれば200%以上あったほうが安心です。

優良企業は流動比率が高い

財務面から見た企業経営の安全性・健全性を評価する指標のひとつが、流動比率です。

流動比率は〈流動資産÷流動負債×100〉で求められます。

流動資産は現金預金や商品、売掛金、受取手形などで、現金そのもの、または1年以内に現金化される資産です。

流動負債とは、短期借入金や買掛金、支払手形など、1年以内に返済しなければならない負債です。

1年以内に返すべき負債が100であるのに対して、1年以内に現金化できる資産が80しかなければ20が不足し、資金ショートを起こしてしまいます。だから当然、原則として流動比率は100%以上が必要です。

しかし100%では、まだまだ危険なのは冒頭で述べた通りです。

ちなみに、「平成30年中小企業実態基本調査（中小企業庁）」で主要業種の流動比率を見ると、建設業が174%、製造業が195%、小売業が158%、宿泊業・飲食業が105%、そして運輸業が155%などとなっており、総平均では172%です。

かつては120%〜150%でも優良企業といわれていましたが、その比率は年々高まってきています。

もちろん、100%、あるいは120%では全くだめかというと、決してそんなことはありません。それは入金と出金のタイムラグや、商品や売掛金・受取手形の換金化の信頼度によるでしょう。

また200%以上は、資金効率から見て高すぎるという関係者もいますが、そんなことはありません。

大切なことは資金効率云々ではなく、企業の安全性・健全性です。

指標 8

全社員が参画し策定された中長期の経営ビジョンがあり、発表会も開催されている

▼この指標に○がつく企業の「強み」と、つかない企業の「弱み」

企業のあるべき姿・向かうべき方向、そのための各部門のあるべき姿・向かうべき方向がなければ、社員はどちらに向かって、どのような努力をすればいいのかがわかりません。ビジョンのない会社の社員は、まるで方向舵のない飛行機や船に乗っている乗客と同じで、毎日不安を感じながら働いています。

ビジョンの共有は夢の共有

問題とは、あるべき姿と現状の差のことをいいます。あるべき姿もなく、現状も定性的・定量的にとらえられていなければ、問題は見えてきません。

また、あるべき姿を間違えていたり、現状を過大評価、あるいは過小評価してしまうと、問題の所在も変わってしまいます。

だからこそ、企業経営には現実を踏まえた正しい中長期ビジョンの策定が必要不可欠で

す。経営ビジョンは、その長さにより短期・中期・長期・超長期があります。一般的には3年程度が短期、5年程度が中期、7年程度が長期、そして10年程度以上が超長期といわれます。

もちろん100年ビジョン、30年ビジョンをつくっている企業もありますが、これは数値ビジョンというより、イメージビジョンといえます。

企業にはせめて中期、つまり5年程度の経営計画書の策定が必要です。研究開発や人財育成は短期で考えるべきではありません。また、改善はともかく、経営の革新・改革を求められている近年では、3年から5年程度の期間が必要だからです。

もちろん策定後、3年間、あるいは5年間、そのままの数字で継続するのでは意味がありません。実績や環境の変化に応じて、毎年微調整しなければなりません。

ビジョンの内容は、単に売上高や社員数などの「量」をどうするかだけではなく、社員の給料や福利厚生制度、利益率、付加価値率、新商品比率などの「質」の指標、社員の側に立った指標も入れるべきでしょう。社員たちに「頑張れば自分たちも幸せになれる」というメッセージを発信し、共有することも必要だからです。

この中長期経営ビジョンは、全社員を参画させ、自分たちが創ったと思えるようなものにしなければなりません。そのためにも、発表会を社内外で開催することが重要です。

指標 9

景気や流行は追わず、急成長・急拡大経営もあえてせず、年輪経営をベースとしている

▼この指標に○がつく企業の「強み」と、つかない企業の「弱み」

盤石な経営を行っていく上で、決して追ってはいけないことが多々あります。そのひとつが景気や流行であり、もうひとつが急成長や急拡大です。景気は上下するし、流行は必ず廃れます。それらを追いかけるような経営をしていると、ドンと落ちた時に、社員をはじめとする多くの関係者に多大な迷惑をかけてしまいます。

企業は急成長している時ほど危ない

私は、流行ばかり追いかけ景気に翻弄される企業を「景気・流行期待型企業」、あるいは「景気・流行依存追随型企業」と名づけています。こんな経営をしていたら、いつまでたっても安定的で盤石な経営はできません。

企業が追求すべきなのは、景気や流行ではなく、本質・本物です。いつの時代も社会が必要とする、普遍の価値の創造です。

安定した経営を行うために、もうひとつ重要なのは、急成長や急拡大は決してしないということです。ここでの急成長・急拡大とは、「毎年、倍々ゲームをしている」、あるいは「年率30％以上で売上高が伸びている」といったレベルです。こうした経営は危険です。

企業の成長は、社員の成長の総和のはずです。社員の能力が年々倍々ゲームで伸びることなどあり得ません。インフレ率が年率10％とか30％を超えるような時代であればともかく、現在では、せいぜい10％程度以下で十分でしょう。

「その受注を受ければ30％の売上げ増になる」といった場合は、あえて受注しない、という選択もあり得ます。

成長と膨張は、どちらも規模が大きくなるので一見同じように見えますが、質は全く異なります。

私がよく知る、社員数約９５０名の中堅企業が四国にあります。その売上高は、若干のブレはありますが、驚くことに何と90年以上、ほぼ連続して右肩上がりです。

棒グラフで売上高の推移を見ると、まさに「年輪経営」で、毎年少しずつ伸びています。社長にそのグラフについて尋ねると、「売上目標は毎年、前年より少し上げているだけです。10％アップなどあり得ません」とのこと。

同社はずっと、「本物の成長」をめざし続けているのです。

指標 10

売上や生産目標は、腹八分経営をベースとしている

▼この指標に○がつく企業の「強み」と、つかない企業の「弱み」

企業の能力の１００％、あるいは95％の操業度を前提にした経営をしていたらどうなるか。答えは簡単です。好況の時は残業せざるを得なくなり、不況の時は無理な営業・受注に走るしかなくなるでしょう。その結果、財務体質はいっそう悪化します。常に全力投球ではなく、余力を残しつつ、自在に対応できる企業が「強い企業」です。

リスクを吸収できる余裕をもった経営を

１カ月に40時間とか50時間を超すような長時間残業を日常的に課していれば、社員は日に日に、心身ともに疲弊していきます。それだけでなく、残業時間の多さは高コストとなり財務体質も悪化させます。しかも社員の離職率も増大させるので、長時間残業はいいところなどひとつもないのです。

では、なぜ多くの企業は長時間残業をしているのでしょうか。あるいはせざるを得ない

のでしょうか。

取引先や顧客の問題、企業の経営システムの問題、残業代をあてにする社員や賃金の問題などさまざまあると思いますが、最も大きいのは、企業の経営の考え方、進め方だと思います。

そのひとつが、フル操業どころか、残業を前提にした経営です。資本主義社会は計画経済ではないので、供給があって需要があるわけではなく、需要があって供給があります。この需要は好況・不況、また気象の変化、イノベーションなどによって、程度の差こそあれ変化します。

２０２０年に発生した新型コロナウイルス感染拡大の影響は、業種によっては売上高を前年同月比50%以下に激減させています。こうした急激な変化は自己資本の充実強化でカバーせざるを得ませんが、日常的に発生する景気循環による好不況でも、10%、20%の変動は普通です。

ですから盤石経営を実現するためには、フル操業を前提にした経営ではなく、腹八分、あるいは腹七分経営を前提にした経営が重要です。80%操業、あるいは70%操業でも、ある程度利益が出せるという経営です。これに徹すれば、何らかの原因で仕事が急に20%増加しても残業はなく、逆に20%減少しても赤字にはならないのです。

指標 11

「一方的なコストダウン要求をしてくる」「支払いを手形で行う」など、理不尽な取引を強いる企業とは原則取引をしない

▼この指標に○がつく企業の「強み」と、つかない企業の「弱み」

企業は1社では生きていけません。ビジネスは集団で行う活動だからです。ですから、いい企業になるためには「いい企業と取引する」ことは基礎的前提です。理不尽に感じることを日常的に平気で行うような企業と取引しながら「いい会社になりたい」と考えても、それは無理な相談です。

いい取引先を見分ける基準

以前、神奈川県内の社員数30名の部品製造業におうかがいしました。メインの取引先は3社あるということでしたが、支払い方法を聞くと「月末締め翌々月5日払い」であり、現金ですかと聞くと、「10万円以上は全額手形です」と言います。しかも手形サイトは150日でした。私は次のように、社長にアドバイスしました。

「貴社が取引している企業は、いい会社ではありませんね。工賃仕事には現金で払うのが正しい経営です。また、『下請代金支払遅延等防止法』では、納品後60日以内に対価を支払うとなっていますから、5日オーバーです。つまり法律違反をしています。このことを取引先に伝え、聞く耳をもたないのであれば、徐々に取引をやめたほうがいいでしょう」

その上で、取引すべき企業ついて、10の条件をあげました。

①一方的なコストダウンをしない
②支払いはすべて現金である
③締め後の支払いが20日以内
④適正単価で発注をする
⑤残業せざるを得ないような納期での発注を日常的にしない
⑥上から目線での取引をしない
⑦季節商品でも安定発注に努めてくれる
⑧他社から何年も流れている仕事の相見積もりを取らない
⑨倉庫や在庫を肩代わりさせるような発注をしない
⑩改善の成果を十分評価してくれる

「いい会社」と付き合うことで、自社も「いい会社」になることができるのです。

指標 12

社員持ち株会があり、希望する社員は保有できる

▼この指標に〇がつく企業の「強み」と、つかない企業の「弱み」

社員の帰属意識や当事者意識を高める有力な方法のひとつは、一般社員にも株主になってもらうことです。

株の保有を希望する社員がいるのに、そのチャンスを与えず、「帰属意識や当事者意識が低い」と嘆く経営者もいますが、それはナンセンスなことです。

株主と社員は一体のほうがいい

社員持ち株制度の創設は、社員の愛社精神を深め、モチベーションを高める方法のひとつです。

「株主満足と社員満足は対立概念であり、いつまでたっても両者は交わることがない」と言う人もいますが、決してそんなことはありません。

もし、社員の大半が株主であれば、社員と株主は別物・対立関係ではなく、一体となり

ます。

これまでの資本主義社会は、あえて言えば株主のため、経営者のための企業であるという考え方が支配的でした。しかしこれからは、社員のための、社会のための企業であり、経営になっていくでしょう。社員のための資本主義、社会のための資本主義です。

こうした資本主義社会に変化していかなければ、長らく続いた資本主義社会も、もたなくなっているように思います。

ところが現状では、特に中小企業の場合、経営者や経営者の親族が株式の大半を所有しているケースがほとんどです。一部に社員が株主という企業もありますが、その社員は全部ではなく、ほんの一握りの幹部社員です。

「日本でいちばん大切にしたい会社大賞」受賞企業には、社員持ち株会制度のある企業が多く、しかも制限を設けず、希望する社員であれば誰でも株式をもてるという企業がたくさんあります。

中には、社員持ち株会の株数のほうが、社長の持ち株数よりはるかに多いという企業も存在します。

その配当金も金融機関に預けるより高い利回りで、安定的に支払われています。社員たちがやる気になるのも、当然といえるでしょう。

指標 13

経営者は自身の定年を心得、後継者を育てる努力を計画的にしている

▼この指標に○がつく企業の「強み」と、つかない企業の「弱み」

企業を永続的に成長発展させていくためには、計画的に後継者に引き継いでいく必要があります。引き継ぎには一定の時間が必要です。最低3年程度、理想は10年程度を考えておいたほうがいいでしょう。そして計画的に事業を継承していくためには、まず経営者自身が引退時期を決めておかなければなりません。

若い人に席を譲る

毎年多くの企業が消滅していますが、その最大の要因は事業承継問題です。つまり、後継者不在の問題なのです。後継者不在の結果、消滅してしまう企業を調べてみると、その約50％は黒字で、そのうちの1割は10％程度の利益率ですから、もったいない話です。

では、なぜ後継者が不在なのでしょうか。その最大の原因は、現職の経営者にあります。

経営者の仕事は、①企業の向かうべき方向の明示、②決断、③よい職場環境を用意する、

④先頭に立つ、⑤後継者を発掘し育てる、の5つです。

要は、経営者が⑤の「後継者を発掘し育てる」という仕事をないがしろにしてきたために、その企業は後継者不在に陥り、最悪の事態を招いているのです。後継者がいないというのは、いないのではなく、育ててこなかった、その結果です。

経営者には、引退時期から逆算して計画を立て、事業承継のための施策を実行していく責任があります。

中には80歳、90歳になっても、代表取締役の座にしがみつく経営者がいます。「まだまだ現役でやれる」などと言い続け、引退時期を考えません。そういう経営者の多くは「後継者が育っていないから」などと言いますが、自分自身が引退時期を定めていないので、いつまでたっても育てられないのです。

社長退任後、会長職などで企業に残るケースも多くあります。その場合も、社長時代と同じように最終的に物事を決め、経営トップとして振る舞う経営者もいれば、いっさい口出しをせず、見守りに徹する経営者もいます。

社長職を退任した後は、仮に代表権はあっても、「社長より頑張らない」姿勢と覚悟が重要です。そうしなければ、組織は間違いなく二頭政治に陥ります。企業は混乱し、社業が傾くきっかけとなる可能性も出てくるでしょう。

指標 14

法律・税務・労務・健康・経営についての専門家と契約している。あるいは問題の解決策を助言する個人がいる

▼この指標に○がつく企業の「強み」と、つかない企業の「弱み」

企業経営をしていれば、さまざまな問題が発生します。それらをタイムリーに処理しなければ、関係者に不平不満が鬱積します。

問題解決には専門家を必要とする場合も多々あります。弁護士や司法書士、公認会計士や税理士、社会保険労務士、医師や保健士などの医療関係者、経営コンサルタント等々、5人程度はいたほうがいいでしょう。

専門家選びは肉眼で行う

年に1回程度しか発生しないような問題のために、専門家と契約するなど、当然無理なことです。また、業務とは直接関係のない仕事のために専門家を雇用しても、経費倒れに終わってしまいます。

とはいえ、課題が発生する都度、ネットで専門家を探すのは非効率であるし、リスクも

小さくありません。

同じ専門家でも、分野によっては、ド素人のような人もいます。単にお金が目的で職業意識が低い人も少なからずいるので、注意が必要です。

この意味では、信頼できる人からの紹介、あるいは、自分自身の日ごろの活動の中で知り会い、「この人なら」と思った人を確保したほうがいいでしょう。

確保といっても、採用するわけではありません。顧問契約をして、必要な時に連絡するなり、来てもらうなりすればいいのです。

中小企業の場合は、経営コンサルタントは、経営全体に詳しい人がいいと思います。ただ、人材採用とか、人財育成とか、新商品開発など、課題がはっきりとしている場合は、そのテーマを専門とするコンサルタントと契約します。

困った時にアドバイスをもらうとか、せいぜい1カ月に1回くらい来てもらうということであれば、月に数十万円もかかりません。

私のよく知る中小企業では、5人の専門家と顧問契約し、それぞれに毎月5万円ずつお支払いしています。1カ月25万円です。考えようによってですが、それで社長が本来の仕事に専念できるのであれば安いものだと私は思います。

指標15

全正社員に占める本社社員比率は5%前後以下である

▼この指標に○がつく企業の「強み」と、つかない企業の「弱み」

いい企業は本社が小さく、問題の多い企業は本社が大きすぎるという傾向があります。ここでいう本社とは、中小企業でいえば、総務・経理（財務）・人事部門であり、大企業でいえば、これらに加えて社長室、経営企画室といった部門になります。本社の生産性と現場の生産性の両方を高めたければ、本社は可能な限り小さくすべきです。

本社が大きくなると生産性が低くなる

新型コロナ感染拡大の影響で、都心の巨大な本社社屋を手放す企業が増えています。企業のステイタスを象徴するような巨大な本社ビルは、今や過ぎ去った時代の栄光を物語るだけの遺構になりつつあります。

本社の大小をはかるモノサシは、多々あると思います。

例えば、総経費に占める本社運営のための経費の割合や、付加価値に占める本社経費の割合でも求められます。企業の建坪面積に占める、本社が使用している面積比率で算出する方法もあります。

しかし私は、最も単純ですが、本社と現場の社員数の割合で見るのが、いちばんわかりやすく、説得力がある計算式だと思います。

本社に所属する社員の比率が、全社員の20%前後、といった企業が数多くあります。こういう企業では、本社は総じて現場より居心地がいいため、「本社の社員が多すぎます」などと言う人はほとんどあらわれません。

それだけでなく、まるでパーキンソンの法則を具体的に実行するかのように、本社の社員たちは、自らの正当性を示すため、次から次に現場を管理するための必要のない仕事を創り出します。

その結果、現場はそれらの仕事に時間を取られて、本来行うべき顧客のための仕事がおろそかになってしまいます。

では、どの程度の本社規模が妥当なのでしょうか。私の「いい企業の現地研究結果」を踏まえていえば、社員数の5%前後以下がいいと思います。

「日本でいちばん大切にしたい会社大賞」受賞企業においては、3%前後という企業が目立ちます。

指標16

自社独自の情報システムが構築され、機能している

▼この指標に○がつく企業の「強み」と、つかない企業の「弱み」

今、企業にとってＩＴ化は不可欠です。企業内、企業間、顧客とのネットワーク化、情報システムの構築です。近年の市場の多様化・小ロット化・短納期化・高スピード化の進行が、ますますそれに拍車をかけています。いい企業は、ＩＴを高度に利活用している上、独自に開発したＩＴソフトを有しています。

自社オリジナルのシステムをつくる

業種・業態を問わず、いい企業に共通しているのは、情報力が優れていることです。ここでいう情報力とは、１つは情報受信力、２つは情報管理力、３つは情報創造力、そして、４つは情報発信力です。

情報受信力とは、国内外の情報をタイムリーに入手する力であり、情報管理力とは、そうして収集した情報を、全社員がタイムリーに共有・利活用できる力です。

情報創造力とは、収集された情報に自社独自の情報を加え、一般情報にはない新しい価値のある情報を生み出す力であり、情報発信力とは、そうして創造された情報を国内外に向けてタイムリーに発信する力のことです。

これら4つの情報力に優れた企業を、私たちは、情報を自社の武器にできる企業、「情報武装型企業」と名づけています。

情報武装型企業となるためには、人海戦術だけに頼っていては不可能です。既存のパッケージソフトを導入しただけでは、他社との差別化はできません。既存のソフトをベースとし、それに自社独自のソフトを組み込み、自社ならではのシステムを構築し、独自のＩＴ化を進めることが重要です。

自社ソフトをつくるのは、必ずしもむずかしいことではありません。

横浜市のある住宅リフォームの企業も、島根県の電気工事の企業もそうですが、既存のソフトに自社独自のソフトを付加し、独自の見積もりソフトをつくって活用しています。

その結果両社ともに、商談のスピードと効率が大きくアップしました。以前は、途中で追加の注文が出た場合は、「一度、本社に戻って連絡します」とか「改めて見積書を持参します」などの対応をしていたのですが、今ではすべてその場で、顧客の要望に応えられるようになっているのです。

社員1人当たり年休日総数は125日以上である

▼この指標に○がつく企業の「強み」と、つかない企業の「弱み」

休日問題を解決しない限り人財の入職は不足し、一方で人財の離職は増大してしまいます。結果的に、企業経営そのものがむずかしくなってくるでしょう。かつて社員の休日数と、業績や離職率などとの相関関係を調査分析したことがあります。その結果わかったのは、休日数が多ければ多いほど、業績は安定的に良好であり、離職率も低いことでした。

長く働くより賢く働く

厚生労働省の「就労条件総合調査」（2020年）によれば、わが国の社員の平均年間休日総数は116日です。業種別に見ると宿泊業、飲食サービス業が少なく、大企業の多い電力などエネルギー業や情報通信業が多くなっています。

休日総数を規模別で見ると、中小企業が110日から115日であるのに対して、大企業は116日から120日です。

企業としての年間休日を見ると、89日以下が9％、90日から99日が7％、１００日から１０９日が33％、１１０日から１１９日が19％、１２０日から１２９日が29％、そして１３０日以上が３％です。

最長と最短の企業では、休日数が何と年間40日以上違います。

コンビニや宿泊業、タクシー業、警備業、病院などは年中無休だったりしますが、年中無休でなければ利用者が困ってしまうので、企業としての休日増加はむずかしい面もあります。

そうした業種の場合は、社員数を増加したり、時間差勤務を用意したり、老若男女を問わず多様な働き方を用意したり、さらにはＩＴ技術を応用して企業内や顧客とのネットワーク化・ＩＯＴ化を進めるなどして対処すべきでしょう。

私のよく知るあるホテルでは、ホテルとしての全館休業日が20日もあります。

さらに、私がこれまで訪問調査させていただいた企業の中で、最も休日が多い企業は１４０日でした。この企業で年次有給休暇を20日取得している社員の場合は、年間休日総数は何と１６０日になります。

同社のカレンダーを見ると、半分が赤い日、つまり休日に見えてしまいます。この企業の離職率は長年ほぼゼロですが、当然といえるでしょう。

指標 18

外国人社員がいる。または輸出入も行っている

▼この指標に○がつく企業の「強み」と、つかない企業の「弱み」

中小企業は、好むと好まざるとにかかわらず、今後はより積極的に国際化に取り組んでいくべきです。経済社会のボーダレス化・グローバル化の宿命だからです。日本の社会は、すでに量的には右肩下がりの社会に入っており、広く海外に新たな市場を見いださなければ、競争が激化していくだけだと考えなければなりません。

世界の顧客に応えよう

経済社会のボーダレス化・グローバル化のいっそうの進行を考えれば、企業の規模を問わず、経営の国際化は必要不可欠です。企業経営の国際化には、大きくは「内なる国際化」と「外なる国際化」の2つがあります。

内なる国際化とは、国内にすべての拠点を構えながら、国際的な事業活動をするという意味です。輸出入などはほとんど行っていないものの国際的に比較優位な技術や商品を創

造確保している企業や、輸出や輸入を通じて国際的な事業活動を実践している企業、あるいは外国人社員を雇用している企業がこれに当たります。

一方、外なる国際化とは、まさに外、つまり海外に直接進出して事業活動をする企業のことです。

国際化のステップとしては、まずは「内なる国際化」を進め、次に「外なる国際化」に向かう、という順序がいいでしょう。というのは、外なる国際化は投資金額が巨大になるだけでなく、外国で操業することのリスクも大きいからです。

内なる国際化でぜひ行うべきなのは、ひとつは市場の国際化であり、もうひとつは人の国際化です。

市場の国際化は、インターネットの普及・拡大もあり、すでに中小企業の輸出も拡大傾向にあります。

また人の国際化という面でも、海外留学生の日本企業に対する関心が高まっており、徐々に進んでいるといえるでしょう。

ある企業では、150名の社員のうち、現在在籍している外国人社員は6名となっています。いずれも日本の大学や大学院を卒業した人で、仕事は研究開発、貿易業務に就いています。こうした傾向は、どんどん強まっていくでしょう。

指標 19

女性の管理職比率は30%以上である

▼この指標に○がつく企業の「強み」と、つかない企業の「弱み」

日本の社会では、家事や子育て、さらに看護・介護に至るまで、その大部分を女性に依存しています。こうした中で現実を把握せず、また男性が応分の役割を果たさず、女性に管理職の使命と責任を果たせというのは、どう考えても無理があります。人口の半分を占める女性の力を活かせる企業は、それだけアドバンテージをもっているのです。

いまだ遠い女性管理職30%の政府目標

わが国の雇用者は約５８００万人ですが、そのうちの約２６５０万人、率にして45%は女性です。しかし働く女性の実態はというと、きわめてお粗末な状態です。

例えば雇用形態で見ると、男性の正規社員比率は78%であるのに対し、女性のそれは44%にすぎません。

給与面で見ても格差は歴然で、男性１００に対して、女性は73となっています。よりひどいのは年間賞与で、男性１００に対し、女性58の水準でしかありません。この格差は労働力率でも同様で、男性71％に対し女性51％、61歳以上で見ると、男性33％に対し女性は17％にすぎないのです。日本の経済社会の半数は、女性の活躍によって支えられているというのに、あまりにひどいギャップといわざるを得ません。

こうした格差はさまざまな面で見られますが、その最たる格差、つまり格差をもたらしている本質格差は、女性管理職の少なさです。

統計資料では年々少しずつ上昇傾向にあるものの、管理職全体に占める女性の割合はわずか13％です。何とかこの状況を改善したいと、政府は「２０２０年に30％へ」という目標を掲げましたが、届きませんでした。

ちなみに欧米諸国の女性管理職割合を見ると、アメリカが44％、イギリスが36％、フランスが33％、そしてドイツが29％となっており、わが国の低さが際立っています。加えて言えば、同じ管理職でも、日本の女性管理職の大半は係長職・課長職であり、部長職の管理職は数パーセントにすぎません。

女性が管理職になることを好まないからとか、女性は育児や介護で休業期間が長いから、などと言う人がいますが、こうした見方はあまりにも硬直的で、事実誤認があります。こういう認識こそが、女性が十分に本領を発揮できない本質原因といえるでしょう。

指標 20

5人の幸せが匂う経営理念があり、全社員の言動のモノサシになっている

▼この指標に○がつく企業の「強み」と、つかない企業の「弱み」

業界で一番になるとか、上場しようとか、1000億円企業になりたいなどと書いてある経営理念は、優れた経営理念とはとうていいえません。なぜならそれらは、企業が目的を追求・実現した結果であり、目的を追求・実現するための手段にすぎないからです。結果や手段を強調した経営理念に、共感・共鳴する人はどこにもいないはずです。

心を揺さぶる経営理念がいい理念

いい企業には、いい経営理念があります。経営理念が、その企業の存在目的であることを踏まえれば当然です。では、いい経営理念とはどういうものでしょうか。

ひと言でいえば、社員やその家族、仕入先や協力企業、顧客、地域住民、そして関係者の幸せが文章に明示されている理念です。

また、経営理念は単に明文化されているだけではなく、それが全社員の言動の拠りどこ

ろになっていなければなりません。

経営理念に反したような言動がまかり通っているようでは、理念が浸透し、言動の拠りどころになっているとは、とてもいえないでしょう。理念が拠りどころとなり、浸透しているのであれば、言動が理念と当然一致するはずです。

そして経営理念は、全社員が全文を唱和できるようでなければなりません。

社員の採用も、理念採用、つまり理念に共感・共鳴できる人こそを採用すべきであって、キャリアや過去の成績を重んじた採用は間違っています。

「日本でいちばん大切にしたい会社大賞」受賞企業の大半は、心揺さぶられるような理念をもっています。

群馬県のA社は「我々の信条」として、次のことを高らかに掲げています。

「我々の第一の責任は、全従業員に対するものである。第二の責任は、我々の仕事やサービスを利用してくれるすべての関係者・当事者1人ひとりに対するものである。第三の責任は、我々が生活し働いている地域社会・共同社会に対するものである。そして第四の最後の責任は、企業の株主に対するものである」

その上で、それぞれの責任の具体的内容が盛り込まれています。同社が創業以来一貫して、右肩上がりで業績を伸ばし続けているのも、当然といえるでしょう。

○ or ×	採点表 盤石な経営に関する指標　○…1点　×…0点	点数
	1　非価格競争商品が70％以上ある	
	2　最大の取引先や商品の売上高比率は20％以下である	
	3　売上高対研究開発費比率は１％以上である。または正社員の10％以上が研究・開発に日常的に従事している	
	4　自己資本比率は50％以上である	
	5　借入金月商倍率は１.５倍以下である	
	6　内部留保金は年間総人件費の３倍以上ある	
	7　流動比率は200％以上である	
	8　全社員が参画し策定された中長期の経営ビジョンがあり、発表会も開催されている	
	9　景気や流行は追わず、急成長・急拡大経営もあえてせず、年輪経営をベースとしている	
	10　売上や生産目標は、腹八分経営をベースとしている	
	11　「一方的なコストダウン要求をしてくる」「支払いを手形で行う」など、理不尽な取引を強いる企業とは原則取引をしない	
	12　社員持ち株会があり、希望する社員は保有できる	
	13　経営者は自身の定年を心得、後継者を育てる努力を計画的にしている	
	14　法律・税務・労務・健康・経営についての専門家と契約している。あるいは問題の解決策を助言する個人がいる	
	15　全正社員に占める本社社員比率は５％前後以下である	
	16　自社独自の情報システムが構築され、機能している	
	17　社員1人当たり年休日総数は125日以上である	
	18　外国人社員がいる。または輸出入も行っている	
	19　女性の管理職比率は30％以上である	
	20　５人の幸せが匂う経営理念があり、全社員の言動のモノサシになっている	
	合計	

18点以上	超優良	12～15点	平均
16～17点	優良	11点以下	改革・改善が急務

総合採点表

会社の偏差値	点数
1 社員とその家族に関する指標	
2 社外社員とその家族に関する指標	
3 現在顧客と未来顧客に関する指標	
4 地域住民と障がい者など社会的弱者に関する指標	
5 盤石な経営に関する指標	
総合点	

90点以上 超優良会社

80点以上 優良会社

60点以上 平均的な会社

60点未満 改革・改善が急務

あとがき

本書で何回も紹介させていただいた、「日本でいちばん大切にしたい会社大賞」（審査委員長筆者）は、２０１０年度に、産官学関係者によって創設されました。以後、毎年、少ない年で10社、多い年は30社近い企業を表彰しています。

現在もそうですが、当時も、国をはじめ、地方自治体や大学、民間団体等が主催する企業を顕彰する制度は数多くありました。そうした中、私たちはあえて新しい顕彰制度を創設したのです。

なぜなら、その時点での既存の賞の大半には、いちばん大切にすべき経営学についての視点が決定的に欠落してしまっていると感じられたからです。

こういう企業、こういう経営をしている企業を顕彰していいのか、と思われる表彰制度も多々ありました。

そこで、新たな表彰制度を通じて、真に価値ある企業のあるべき姿や、その経営の考え方・進め方を客観的に示すとともに、そうした経営を行う企業を全国各地に飛躍的に増加させたいと考えて、「日本でいちばん大切にしたい会社大賞」をスタートしたのです。

当初、6つの応募基準と50の第1次審査基準、そして20の第2次審査基準などを見た一部の専門家諸氏からは、「これに該当するような企業があるとはとうてい思えない。表彰制度として成立しませんよ」などと言われたこともありました。

しかしこの賞は年々拡大し、2020年度は、コロナ禍ではありましたが、過去最大の28社が表彰されるまでになりました。

ちなみに「日本でいちばん大切にしたい会社大賞」の「応募基準」は、次のようなものです。

①過去5年以上、人員整理などはしていない
②過去5年以上、重大な労働災害を発生させていない
③過去5年以上、取引先に一方的なコストダウンなど理不尽と思われるような取引はしていない
④過去5年以上、障がい者の実雇用率は法定雇用率以上である（該当規模以下の企業は、障がい者施設等からの仕入れや発注を、安定的かつ継続的に実施している）
⑤過去5年以上、黒字経営であり、納税責任を果たしている
⑥過去5年以上、コンプライアンス違反はない

の6つです。

このすべてに該当しない企業は応募すらできません。

そして、資格要件を満たして応募しても、まず書類による「第1次審査」があり、次に現地調査を中心とした「第2次審査」があります。数ある企業の表彰制度の中でも、おそらく最もハードルの高い賞といえるでしょう。

さらに言うと、第1次評点や第2次評点がたとえ高くても、重要な項目においてひとつでも劣悪なものがあれば表彰しないという点も、この賞の特徴です。

そのいくつかを例示すると

①転職的離職率が異常に高い企業（10％以上）
②社員1人当たりの年間所定外労働時間が異常に長い企業（年間240時間以上）
③平均有給休暇取得率が異常に低い企業（30％以下）
④業界平均と比較し正規社員（無期雇用社員）比率が異常に低い企業
⑤財務の安全性が著しく劣る企業（自己資本比率10％以下）
⑥社員の年間給与が業界平均と比較し著しく低い企業
⑦社員の年間給与と比較し役員の報酬が異常に高い企業
⑧サービス残業を日常的に課している企業
⑨就業環境や福利厚生施設が著しく劣悪な企業

⑩障がいのある社員の大半が非正規（有期雇用）社員の企業等です。

企業関係者の皆さんにあえて言えば、この10のことを早急に改革・改善しない限り、遠からず内部崩壊が起こる怖れがあるでしょう。

また、これから社会に出る学生の皆さんにあえて言えば、この10のことにひとつでも該当し、改善の努力をしていない企業は、給与がどんなに高額でも、どれほど収益力・ブランド力・成長力などが高くても、入社した後につらい思いをするでしょう。社員とその家族の幸せの追求・実現を目的にした経営を実行していないからです。

これらのことを含めて、本書、『会社の偏差値』を執筆しました。この本が、少しでもいい企業づくりや、いい企業選びの参考になれば幸いです。

著者

たい会社」大賞　応募案内

審査は一次審査（書類）、二次審査（審査員訪問）によって行われます。審査委員会で厳正に審査を行ったうえで、該当企業に次の各賞が授与されます。

- 経済産業大臣賞
- 厚生労働大臣賞
- 地方創生大臣賞
- 中小企業庁長官賞
- 中小企業基盤整備機構理事長賞
- 審査委員会特別賞
- 実行委員会特別賞

企業によっては、かなりハードルの高い「条件」と感じるかもしれません。しかしまずこの条件をクリアし、応募、そして受賞へと努力することで、「人にやさしく、皆が楽しく働ける、しかも強い会社」への道が開けます。毎年7月から10月までが応募期間です。自薦、他薦を問わず、ぜひご応募ください。

詳細は、

https://taisetu-taisyo.jimdofree.com/

たいせつ大賞　で検索！

「日本でいちばん大切にし

「人を大切にする経営学会」では、平成22年度より、「日本でいちばん大切にしたい会社」大賞を主催しています。

企業が本当に大切にすべき①従業員とその家族、②外注先・仕入先とその家族、③顧客、④地域社会、⑤株主・支援機関の5人（5者）をはじめ、人を大切にし、人の幸せを実現する行動を継続して実践している会社の中から、その取り組みが特に優良な企業を表彰するものです。

応募資格は、過去5年以上にわたって、以下の6つの条件すべてに該当していることです。

1）リストラ等をしていない

2）協力企業等に一方的なコストダウン要求をしていない

3）重大な労働災害がない

4）障がい者雇用率が法定雇用率以上（従業員43.5人未満企業は間接雇用）

5）黒字経営であり、かつ納税責任を果たしている（新型コロナ禍等の環境激変時は除く）

6）下請代金支払遅延防止法等、法令違反をしていない

著者紹介

坂本光司（さかもと・こうじ）

1947年、静岡県（焼津市）生まれ。経営学者。静岡文化芸術大学教授、法政大学大学院教授などを歴任。現在は、人を大切にする経営学会会長、千葉商科大学大学院商学研究科中小企業人本経営（EMBA）プログラム長、日本でいちばん大切にしたい会社大賞審査委員長、他公職多数。徹底した現場派研究者であり、この50年間で訪問調査・アドバイスをした企業は8000社以上となる。専門は中小企業経営論・地域経済論・福祉産業論。

近著　『「新たな資本主義」のマネジメント入門』2021年　ビジネス社
『もう価格で闘わない』2021年　あさ出版
『経営者のノート』2020年　あさ出版
『日本でいちばん大切にしたい会社7』2020年　あさ出版
『日本でいちばん大切にしたい会社6』2018年　あさ出版
『人を大切にする経営学講義』2017年　PHP研究所
『日本でいちばん大切にしたい会社5』2016年　あさ出版
『日本でいちばん社員のやる気が上がる会社』2016年　ちくま新書

●自宅連絡先
〒421-0216　静岡県焼津市相川1529
電話　054（622）1717
E-mail　k-sakamoto@mail.wbs.ne.jp

〈千葉商科大学大学院EMBA担当教員G〉
藤井　正隆　千葉商科大学大学院商学研究科 客員教授
石川　勝　千葉商科大学大学院商学研究科 特命教授
水沼　啓幸　千葉商科大学大学院商学研究科 客員准教授
坂本　洋介　千葉商科大学大学院商学研究科 客員准教授

会社の「偏差値」　強くて愛される会社になるための100の指標〈検印省略〉

2021年　6　月　28　日　第　1　刷発行

著　者――坂本 光司（さかもと・こうじ）
発行者――佐藤 和夫

発行所――株式会社あさ出版
〒171-0022　東京都豊島区南池袋2-9-9 第一池袋ホワイトビル 6F
電　話　03（3983）3225（販売）
03（3983）3227（編集）
FAX　03（3983）3226
URL　http://www.asa21.com/
E-mail　info@asa21.com
印刷・製本（株）シナノ

note　http://note.com/asapublishing/
facebook　http://www.facebook.com/asapublishing
twitter　http://twitter.com/asapublishing

ISBN978-4-86667-293-9 C2034